초등학생이 꼭 알아야 할
생물 다양성 이야기 33가지

초등 필수지식 삼삼 시리즈 25
초등학생이 꼭 알아야 할 생물 다양성 이야기 33가지

글쓴이 황신영   그린이 쌈팍

1판 1쇄 인쇄 2010년 2월 10일
1판 1쇄 발행 2010년 2월 18일

펴낸이 김영곤
교육문화사업본부장 이유남
기획 블루마크_최정미, 이은아, 이성림, 윤대영, 김진철
기획편집 권은아, 배소라, 오선이
마케팅 이희영, 김태균, 정원지, 배은하, 오하나
디자인 표지_씨디자인, 본문_최은   **편집** 다우

펴낸곳 (주)북이십일 을파소
출판등록 2000년 5월 6일 제 10-1965호
주소 경기도 파주시 교하읍 문발리 파주출판문화정보산업단지 518-3 (413-756)
연락처 031-955-2723 (마케팅) 031-955-2734 (기획편집) 031-955-2177 (팩스)
이메일 eulpaso@book21.co.kr   **홈페이지** http://www.book21.com

값 9,800원
ISBN 978-89-509-2217-7 73400
      978-89-509-1734-0 (세트)

이 책 내용의 일부 또는 전부를 재사용하려면 반드시 (주)북이십일의 동의를 얻어야 합니다.
잘못 만들어진 책은 구입하신 서점에서 교환해 드립니다.

초등 필수지식
샴샴 시리즈 25

초등학생이 꼭 알아야 할
생물 다양성 이야기 33가지

황신영 글 | 쌈팍 그림

을파소

머리말

　선생님은 어렸을 때 부산 바닷가에 살았어요. 부모님과 함께 바닷가에 나가 소라, 성게, 고둥도 잡고, 바닷가에 밀려온 미역이나 다시마도 건져 먹었답니다. 바위에 붙어 있는 따개비, 거북손과 여러 개의 다리를 바삐 움직이며 바위 틈을 오가던 게를 보기도 했지요. 하지만 20여 년이 지난 후 다시 찾은 그곳에서 더 이상 바다 생물들을 찾을 수가 없었어요. 세월이 흐르면서 오염된 바닷가는 생물들이 살기에 적당하지 않았던 거죠.
　지구에 살고 있는 생물의 종 수는 아직 발견되지 않은 것까지 계산하면 3,000만 종 정도일 것으로 생각돼요. 생물 다양성이란 생물의 종 수, 생물의 몸을 구성하는 유전자, 생물들이 살아가는 생태계, 이렇게 세 가지의 다양성을 합친 개념이랍니다. 그런데 이런 생물 다양성이 바로 우리 인간 때문에 빠른 속도로 사라지고 있어요.
　이제까지 우리는 생물 다양성이 중요하다는 걸 잘 몰랐지만, 이 책을 통해

　서 그 중요성을 알게 될 거예요. 생물들은 우리에게 많은 선물을 주기도 하지만, 우리가 잘 지켜 주지 않으면 엄청난 피해를 주거든요. 또 생물 다양성이 파괴되면 우리 인간도 결국 사라질 수밖에 없어요.

　특히 우리나라에 살고 있는 생물들은 석유나 석탄 같은 천연자원과 마찬가지로 귀중한 자원이랍니다. 우리나라는 천연자원이 부족하지만, 생물자원은 훨씬 풍부한 편이에요. 우리는 선진국에 비해 생물 다양성을 지키는 것이 얼마나 중요한지 깨닫는 것이 늦었어요. 하지만 지금부터라도 우리의 소중한 생물자원을 아끼고 보호해야 합니다.

　그러기 위해서는 자연 환경과 생물 보호에 어린이 여러분들이 관심을 가지는 것이 중요합니다. 몇십 년 또는 몇백 년 후에도 아름다운 이 땅에 수많은 생물들이 사람과 함께 살 수 있도록 우리 모두 노력해요.

2010년 1월 황신영

● 차례

머리말　　　　　　　　　　　　　　　　　　　　4

Ⅰ 생물의 다양성

- 01　먼 생물은 누구? 이웃 생물은 누구?　　　　　10
- 02　식물의 족보를 그려 볼까?　　　　　　　　　14
- 03　동물의 족보를 그려 볼까?　　　　　　　　　18
- 04　진화는 생물 다양성에 어떤 영향을 끼쳤을까?　22
- 05　생태계의 주인공들은 누구누구일까?　　　　　26
- 06　먹이 사슬에 숨겨진 놀라운 비밀은?　　　　　28
- 07　사막과 극지방에도 생태계가 있을까?　　　　32

Ⅱ 생물 다양성의 파괴

- 08　생물이 다양하면 무엇이 좋을까?　　　　　　38
- 09　기후가 다양하면 생물도 다양할까?　　　　　40
- 10　생물 다양성은 왜 중요할까?　　　　　　　　45
- 11　해마다 얼마나 많은 생물이 멸종되고 있을까?　48
- 12　생물 다양성을 파괴하는 주범은?　　　　　　50
- 13　그 많던 동식물은 어디로 갔을까?　　　　　　54
- 14　숲이 사라지는 까닭은?　　　　　　　　　　　56
- 15　이상 기후는 생물에게 어떤 영향을 줄까?　　　60
- 16　늑대의 멸종은 공룡의 멸종과 어떻게 다를까?　64
- 17　어떤 동물들이 사라지고 있을까?　　　　　　68

Ⅲ 생물 다양성과 생물자원

18	돈이 되는 생물만 키우면 어떻게 될까?	74
19	생물 다양성 협약이란 무엇일까?	78
20	왜 식량이 부족해질까?	82
21	자연에서 새로운 치료약을 찾을 수 있을까?	86
22	숲에 숨겨진 보물은?	90
23	심해에 숨겨진 보물은?	92
24	미생물의 가치는 얼마나 될까?	96
25	M7이란 무엇일까?	100
26	첨단 과학으로 생물 다양성을 지킬 수 있을까?	102
27	우리 농산물인데 로열티를 낸다고?	104
28	우리의 토종을 왜 지켜야 할까?	108
29	식물 사냥꾼이 우리나라를 다녀간 이유는?	110
30	자생 식물을 지키는 방법은 무엇일까?	114
31	종자은행이란 무엇일까?	116
32	생물자원을 관리하는 은행은?	120
33	과학은행에서 하는 일은?	124
찾아보기		126
관련 교과		128

I 생물의 다양성

지구에는 참 많은 생물들이 살고 있어.
이 다양한 생물들 중에서
가까운 생물은 누구이고 먼 생물은 누굴까?
생물들의 족보를 그려 보자.

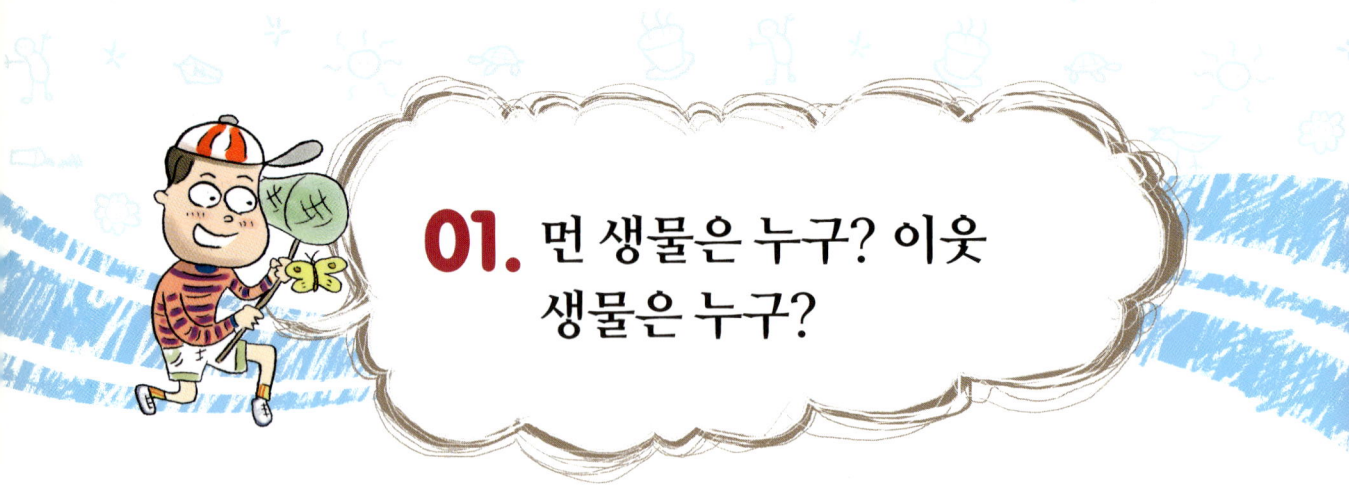

01. 먼 생물은 누구? 이웃 생물은 누구?

탐험가들이 데려온 신기한 생물들

신대륙을 발견한 콜럼버스와 최초로 세계 일주를 한 마젤란 이야기를 들어 보았지? 이런 탐험가들 덕분에 세계 지도가 완성됐어. 그리고 세계의 역사도 크게 바뀌었지. 그런데 탐험가들 덕분에 생물학도 크게 발전했다는 사실을 알고 있니?

그게 정말이냐고? 그래. 탐험가들은 그들이 탐험한 신대륙에서 예전에 보지 못한 신기한 생물들을 잔뜩 데려왔거든. 과학자들은 이 새로운 생물들을 보고 매우 흥분했지. 그동안 알고 있던 생물들과 어떤 관련이 있을지 궁금했고, 또 어떤 이름을 지어 줘야 할지 등 할 일이 많아졌어.

이렇게 연구해야 할 것들이 많아지자, 예전에는 의학의 한 분야였던 생물 연구가 '분류학'이라는 새로운 분야로 만들어지게 된 거야.

생활에서 과학으로, 분류학이 발전하다

화창한 봄 들판에 나가면, 파릇한 새싹들이 가득하지? 이 풀들은 도시에 사는 사람들에게는 그저 이름 모를 풀일 거야. 하지만 농부들은 그중에서 먹을 수 있는 것과 그렇지 않은 것을 쉽게 구별하지. 또 한의사들은 약으로 쓰는 식물을 구별할 수 있어.

이처럼 일상생활에서도 생물을 분류하는 일은 아주 오래전부터 있어 왔어. 하지만 이런 분류는 사람에게 쓸모 있는지, 위험하지 않은지 등 쓰임새 위주로 구분하는 것이라서, 과학적인 분류와 차이가 있지.

그렇다면 생물을 과학적으로 분류한 사람은 누굴까? 바로 분류학의 아버지라고 불리는 스웨덴의 과학자 린네(1707~1778)야. 물론 그전의 과학자들도 생물 분류에 대해 연구를 했어. 하지만 새로운 생물의 이름을 붙이는 데 통일된 규칙이 없었고, 생물을 한두 가지 특징에 따라서만 분류했기 때문에 정확하지 않았지.

린네는 유럽 곳곳을 돌아다니면서 수많은 생물들을 관찰하고, 생물의 겉모습을 비롯해 내부 기관의 생김새 등을 기준으로 한 분류법을 개발했어. 또 이것을 정리해서 2,500페이지가 넘는 책을 썼지. 이 책은 오랫동안 분류학 교과서로 사용된 『자연의 체계』란 책이야. 이 책에서 린네는 생물의 이름을 붙이는 새 규칙을 정했는데, 그것이 바로 '학명'이야. 생물을 분류할 때 가장 기본이 되는 단위는 '종'이야. 종이 뭐냐면, 쉽게 말해서 철수, 영희 등과 같

> 생물 이름이 이렇게 다 달라서야 어떻게 연구를 하겠소? 자, 이제부턴 '학명'을 쓰자고요.

이 생물에 붙이는 이름이라고 생각하면 돼. 호랑이, 사자, 사람 등 어떤 생물을 가리키는 이름이 바로 종이지.

또 철수 중에서도 장철수라는 이름을 가진 사람은 장씨 집안의 철수겠지? 이렇게 같은 집안 식구들은 같은 성씨를 쓰는데, 이 성과 비슷한 것이 '속'이야. 생물들 중에서 비슷한 종들끼리 모인 것을 속이라고 부르지. 예를 들어 호랑이는 고양이속에 속하고, 사람은 사람속에 속해.

또한 철수와 영희는 한민족이야. 그렇다면 둘은 일본 민족이나 중국 민족보다는 훨씬 가까운 사이겠지? 이런 것처럼 생물도 비슷한 무리끼리 묶어 나가면 더 크게 묶을 수 있어. 오늘날 우리가 사용하는 생물 분류의 단계는 다음과 같아.

종 → 속 → 과 → 목 → 강 → 문 → 계
예) 호랑이 고양이속 고양이과 식육목 포유강 척추동물문 동물계

그런데 이렇게 생물들을 무리지어 놓으면 무엇이 좋을까? 우선 먼 생물인지 이웃 생물인지 생물들 사이의 관계를 한눈에 알 수 있어. 또 각 생물의 특징도 쉽게 알 수 있지. 우리가 도서관에 갔는데 책들이 색깔이나 크기로만 구분되어 있다면 원하는 책을 찾기 힘들 거야. 하지만 소설, 참고서, 잡지 등 큰 분야로 나눈 다음, 제목이나 글쓴이 이름 등으로 분류해 놓으면 쉽게 찾을 수 있잖아. 생물 분류도 이와 마찬가지인 거야.

한편 린네가 살았던 시절에는 과학 기술이 크게 발달하지 않아서 미생물들을 거의 관찰할 수 없었어. 그래서 생물을 크게 동물과 식물로만 분류했지. 그러다가 19세기에 독일의 생물학자 헤켈이 그동안 발견된 미생물들을 원생생물로 따로 분류했어. 생물을 동물, 식물, 원생생물 이렇게

세 개로 나누었지. 오늘날에는 미국의 생물학자인 휘태커의 분류 체계를 사용해서, 다음과 같이 생물을 5개의 계로 구분하고 있어.

계	원핵생물계	원생생물계	균계	식물계	동물계
특징	한 개의 세포로 이루어져 있으며 핵이 없다.	대부분 단세포 생물로 핵이 있다.	엽록소가 없어 스스로 양분을 만들지 못하고 다른 생물의 양분을 얻어 산다.	엽록소가 있어 스스로 양분을 만들어 살 수 있다.	스스로 양분을 만들 수 없어 다른 식물이나 동물을 먹고산다.
종류	대장균	짚신벌레, 아메바, 유글레나	버섯, 곰팡이	소나무, 민들레, 무궁화	사슴, 토끼, 호랑이

린네가 살았던 당시에는 생물의 겉모습과 몸속 구조 등을 기준으로 생물을 분류했지만 이런 방법으로는 한계가 있어. 그래서 오늘날에는 그 외에도 유전자 등을 분석해서 생물들의 멀고 가까운 정도를 좀 더 정확하게 구별하고 있지.

학명을 짓는 방법

우리나라 말로는 사람을 '사람'이라고 부르지만 영어로는 'human(휴먼)'이라고 불러. 이렇게 언어마다 가리키는 이름이 다르면, 과학자들이 연구할 때 애를 먹겠지? 그래서 과학에서는 생물의 이름을 붙일 때 학명을 사용해.

학명은 라틴어를 사용하고 '종명+속명(+명명자 이름)' 순으로 쓰지. 종명과 속명은 기울어진 이탤릭체를 사용해. 그래서 사람을 학명으로 나타내면

Homo sapience Linnaeus (호모 사피엔스 린네)
　　종명　　　속명　　명명자 이름

가 돼. 경우에 따라서 명명자 이름은 쓰지 않아도 되지.

아직까지도 지구에는 발견되지 않은 새로운 종(신종)이 아주 많아. 그러니까 앞으로 훌륭한 생물학자가 되어 신종에 내 이름을 붙여 보면 어떨까?

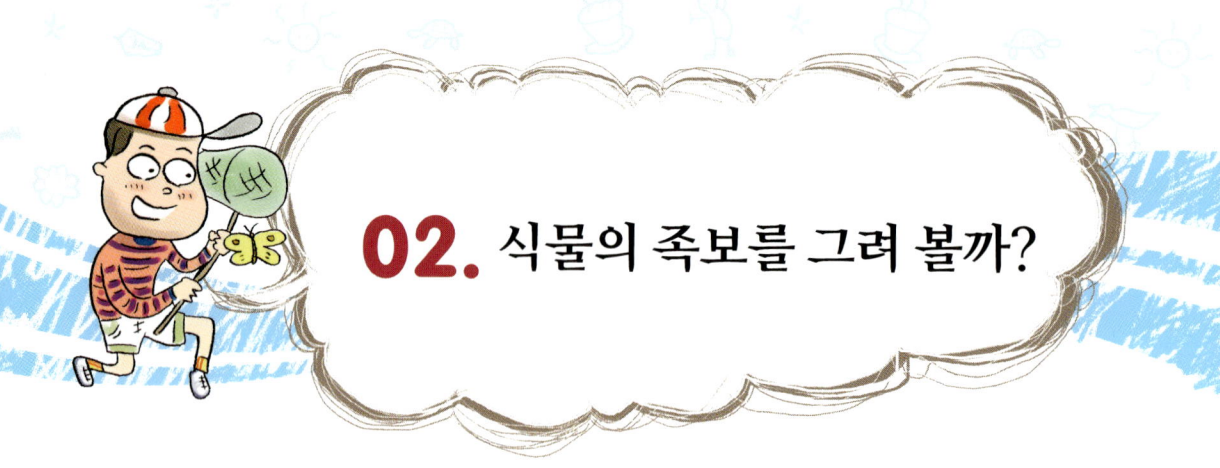

02. 식물의 족보를 그려 볼까?

지구는 커다란 식물원이라고 불릴 만큼 지구에는 매우 많은 식물들이 살고 있어. 그리고 바다보다는 육지에 훨씬 더 많이 살고 있지. 그렇다면 식물들은 어떻게 나뉠까? 지금부터 식물들의 족보를 그려 볼까?

식물과 동물은 어떤 점이 다를까?

족보를 그리기 전에 궁금한 게 있어. 식물은 동물과 무엇이 다를까?

식물은 움직일 수 없고, 동물은 움직일 수 없다고? 맞아. 동물은 스스로 몸을 움직여 여기저기 옮겨 다닐 수 있지만, 식물은 한번 뿌리내리면 누가 옮겨 주기 전까지는 그곳에 그대로 살아야 하지.

하지만 가장 큰 차이점은 따로 있어. 동물

은 다른 생물을 먹어서 양분을 얻지만, 식물은 스스로 양분을 만들 수 있다는 거야. 식물은 잎에서 햇빛을 받아 녹말이라는 양분을 만들거든. 이렇게 만든 양분으로 다른 생물들을 먹여 살리는 거라고!

또 식물은 양분을 만들 때 산소도 함께 만들어서 생물들이 숨 쉴 수 있게 해줘. 게다가 생물이 숨 쉴 때 내놓는 엄청난 양의 이산화탄소를 흡수해 주지. 이렇듯 식물은 다른 생물에게도 소중한 존재야!

식물들은 어떻게 분류할까?

그런데 이렇게 소중한 식물은 어떻게 태어났을까?

아주 오랜 옛날, 지금 식물의 할아버지와 할머니뻘 되는 생물은 지금처럼 육지가 아닌 물속에서 살았대. 몸의 구조도 아주 단순했지. 그러다가 오랜 세월이 흘러 땅 위로 올라왔고, 여러 종류의 식물로 나뉘게 되었어.

자, 그럼 지구에는 어떤 종류의 식물이 있는지 한번 나누어 볼까? 식물을 나누는 가장 큰 기준은 식물 몸속에 '이것'이 있는가 없는가야.

이것이 뭐냐고? 바로 '관다발'이야. 관다발은 식물의 뿌리와 줄기, 잎으로 이어지면서 물과 양분을 운반하는 기관을 말해. 물이 이동하는 물관과 양분이 이동하는 체관으로 이루어져 있지.

예를 들어 우산이끼나 솔이끼 등은 관다발이 없는 식물이야. 이 식물들은 관다발이 없으니까 물을 떠나서는 살 수 없고, 물가나 그늘지고 축축한 곳에 주로 살지. 우리는 이것들을 '선태식물'이라고 불러. 선태식물은 식물이 물에서 육지로 올라오는 과정의 중간 단계에 속해. 그래서 식물의 조상이 물속에 살았다는 증거가 되기도 하지.

이끼들을 한번 자세히 살펴봐. 혹시 소나무처럼 커다란 이끼를 본 적 있니? 아마 없을 거야. 그 이유도 관다발이 없어서야. 물과 양분이 이동하는 통로인 관다발이 없으니, 물과 양분이 멀리까지 전달되지 못해서 크게 자랄 수 없는 거지. 이런 이끼들은 대개 땅바닥에 납작하게 붙어살고, 뿌리, 줄기, 잎이 명확히 구별되지 않아.

그럼 관다발이 있는 식물은 어떨까? 관다발이 있는 식물은 다시 '이것'이 있는 식물과 없는 식물로 나뉘어.

여기서 이것은? 바로 '씨' 야. 관다발이 있으면서 씨가 없으면 '양치식물', 씨가 있으면 '종자식물' 이라고 부르지.

양치식물에는 고사리, 고비, 쇠뜨기 등이 있어. 이것들은 선태식물보다는 관다발이 잘 발달되어 있고, 몸의 구별도 명확한 편이야. 그런데 양치식물은 씨도 없이 어떻게 번식할까?

고사리의 초록색 잎을 뒤집어 보면 그 답을 알 수 있어. 고사리 잎 뒷면에는 갈색의 동글동글한 주머니들이 잔뜩 달려 있거든. 이 주머니의 이름은 '포자낭' 이야. 양치식물은 씨 대신 포자낭에 든 포자로 번식을 하지.

한편 씨가 있는 종자식물은 다시 밑씨가 있는 위치에 따라 둘로 나뉘어. 씨방이 없어서 밑씨가 겉으로 드러나 있으면 '겉씨식물', 씨방이 밑씨를 감싸고 있으면 '속씨식물'이지. 겉씨식물에는 소나무, 잣나무 등이 있고, 속씨식물에는 복숭아, 사과나무 등이 있어.

여기서 속씨식물은 다시 둘로 나눌 수 있어. 떡잎이 한 장인 '외떡잎식물'과, 떡잎이 두 장인 '쌍떡잎식물'로 나눌 수 있지. 외떡잎식물에는 벼, 옥수수 등이 있고, 쌍떡잎식물에는 강낭콩, 봉숭아 등이 있어.

참, 이렇게 식물을 나누는 기준이 되기도 하는 떡잎과 관련된 속담도 있어. 들어 보았지? '될성부른 나무는 떡잎부터 안다.' 어린 아이들을 떡잎에 비유해, 장차 훌륭한 사람이 될지 어떨지 어려서부터 알 수 있다는 뜻으로 사용되는 속담이야. 떡잎은 씨가 싹틀 때 처음 나는 잎을 말하는데, 씨앗이 어느 정도 자랄 때까지 양분을 공급하는 일을 해. 그래서 크고 튼실한 떡잎을 가진 식물이 그렇지 않은 식물에 비해 더 잘 자라기 때문에 이런 속담이 나왔나 봐.

미역은 식물일까, 아닐까?

바다에 사는 미역과 김, 연못에 사는 해캄은 식물일까, 아닐까? 이것들은 겉으로 보기에는 녹색을 띠고, 스스로 양분을 만들어 살기 때문에 식물처럼 보여. 하지만 앞에서 말한 헤켈의 분류에 따르면 원생생물에 속하지.

원생생물은 대개 핵이 들어 있는 하나의 세포로 이루어진 생물을 말해. 하지만 김, 미역, 해캄처럼 여러 개의 세포로 이루어진 종류도 있지. 식물은 뿌리, 줄기, 잎 등의 기관으로 이루어져 있지만, 김, 미역, 해캄은 이런 기관들이 없고 세포들만 모여 있으니까 식물로 분류하지 않는 거야.

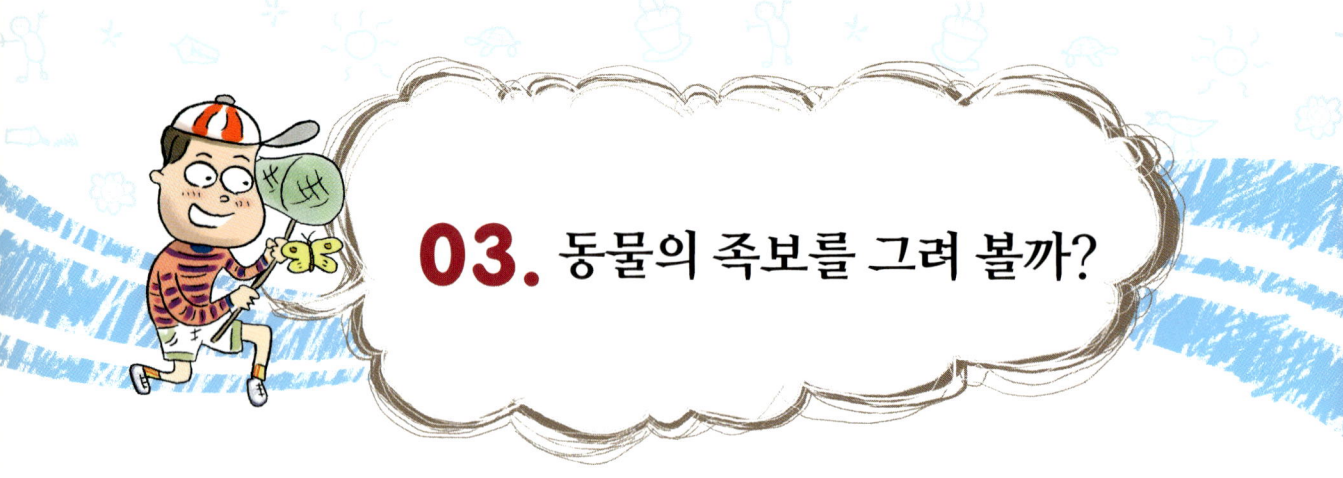

03. 동물의 족보를 그려 볼까?

동물들은 각자 생김새도 다르고, 행동이나 사는 곳도 매우 다양해. 물론 비슷한 점도 있지.

예를 들어 뱀과 지렁이는 몸도 길고 꿈틀거리며 기는 모습이 비슷해. 그렇다고 이 둘을 한 무리로 묶을 수 있을까? 동물을 분류할 때 가장 중요한 기준은 무엇일까?

동물은 움직일 수 있다는 것, 그리고 양분을 스스로 만들지 못하고 다른 생물을 먹고산다는 특징 때문에 동물이란 걸로 묶였어. 이런 동물들을 구별하는 가장 큰 기준은 바로 '등뼈가 있는가'야. 동물은 크게 등뼈가 있는 동물인 '척추동물'과 등뼈가 없는 동물인 '무척추동물'로 나뉘지.

등뼈가 없어 몸의 크기가 작아

동물 중에는 척추동물보다 무척추동물의 종류가 훨씬 많아. 등뼈가 없어서 몸의 크기가 작은 편인 무척추동물은 해면동물, 자포동물, 편형동물, 연체동물, 환형동물, 절지동물, 극피동물로 나뉘지. 하나씩 살펴볼까?

우선 '해면동물'은 무척추동물 중에서도 가장 하등한 종류야. 그래서 몸 구조도 제일 간단하지. 해면동물은 평소 움직이지 않기 때문에 식물로 오해받을 때도 있지만, 물에 살면서 바닷속 작은 미생물을 먹고사는 엄연한 동물이야. 만화 주인공 보글보글 스펀지밥 알지? 스펀지는 우리말로 '해면'이라는 동물 이름이거든. 그러니까 스펀지밥도 따지고 보면 해면동물에 속하는 거라고!

'자포동물'은 다른 동물을 마비시키는 침을 갖고 있어. 자포동물에 속하는 히드라, 산호, 해파리, 말미잘 등은 모두 짧거나 긴 촉수를 가졌는데, 이 촉수 안에 독침이 든 자포가 있지. 이 자포로 먹이를 마비시켜 잡은 다음 맛있게 먹는 거야. 그리고 자포동물은 입과 항문이 같아서, 먹은 것을 소화시키고 입으로 다시 내뱉는대.

납작한 모양(편형)이라는 뜻을 가진 '편형동물'에는 플라나리아와 촌충 등이 있어. 이들은 이름처럼 납작하게 생겼고, 자포동물과 마찬가지로 입과 항문이 같지.

문어, 오징어, 조개, 달팽이 등이 속하는 '연체동물'은 이름처럼 연한 몸(연체)을 가졌어. 딱딱한 껍데기에 싸인 조개나 달팽이도 그 속의 몸은 아주 연하다는 것, 알고 있지? 그런데 잠깐! 오징어를 보면 몸 한가운데에 딱딱한 물질이 있는데, 그건 뭘까? 혹시 뼈냐고? 아니야. 그건 뼈가 아니라 예전에 가지고 있던 껍데기가 오랜 진화 과정을 거쳐 퇴화되고 남은 거야. 한편 연체동물의 몸속에는 내장을 감싼 부분이 있는데, 이것의 이름은 '외투막'이야. 두꺼운 근육질로 되어서 몸을 지탱하는 역할을 하지.

무척추동물의 종류

해면동물   자포동물   편형동물   연체동물   환형동물   절지동물   극피동물

고리 모양(환형)이라는 뜻을 가진 '환형동물'에는 지렁이, 거머리 등이 있어. 이들은 몸에 마디가 있고, 몸속 기관들이 잘 발달되어 있지.

곤충, 거미, 지네, 새우 등이 속하는 '절지동물'은 동물 중에서 가장 많은 수를 차지하고 있는 무리야. 전체 동물 종에서 80퍼센트나 차지하지. 절지동물은 '절지(節 마디 절, 肢 팔다리 지)'라는 말에서 알 수 있듯이 몸에 마디가 있고, 외골격이라 불리는 딱딱한 껍질로 둘러싸여 있어. 그래서 몸이 어느 정도 자라면 허물을 벗는 탈피 과정을 겪지.

마지막으로 불가사리, 성게, 해삼 등이 속하는 '극피동물'은 표면에 돌기나 가시가 많이 나 있고, '관족(대롱과 같이 가는 관 모양의 발)'이라는 독특한 발을 가지고 있어. 특이하게도 몸은 사방으로 뾰족하게 뻗어난 모양으로 생겼지.

우린 뼈대 있는 동물들이야

 자, 이번엔 우리에게 친숙한 동물 차례야. 토끼, 개구리, 개, 금붕어, 뱀 등은 모두 등뼈가 있는 척추동물이지. 척추동물은 어류, 양서류, 파충류, 조류, 포유류로 나눌 수 있어.

 금붕어, 상어, 참치 등 우리가 보통 물고기라고 부르는 '어류'는 물속에 살면서 아가미로 숨을 쉬어. 또 주변에 따라 체온이 변하지. 이렇게 주변에 따라 체온이 변하는 동물을 변온 동물이라고 불러. 그리고 어류는 암컷이 알을 낳으면 수컷이 정액을 뿌려 수정을 하는 체외(體 몸 체, 外 바깥 외) 수정을 하지.

 개구리, 두꺼비, 도롱뇽 등이 속하는 '양서류'도 변온 동물이야. 이들은 어릴 땐 물에서 살면서 아가미로 숨을 쉬다가, 다 자라면 육지에서 주로 살지. 이렇게 물과 육지 양쪽에서 살기 때문에 양서류라고 부르는 거야. 그리고 다 자라면 아가미 대신 폐와 피부로 숨을 쉬고, 어류와 마찬가지로 체외 수정을 해.

 뱀, 거북, 악어 등이 속하는 '파충류'는 피부가 딱딱한 비늘로 덮여 있어. 또 알은 질긴 껍질에 싸여 있어서 육지에서도 잘 마르지 않지. 이들도 어류, 양서류와 마찬가지로 체온이 변하는 변온 동물이야.

 독수리, 참새, 비둘기 등 우리가 새라고 부르는 '조류'는 부리와 깃털이 있고, 뼈가 가벼워서 하늘을 날기가 쉬워. 앞에서 본 다른 척추동물과 달리 체온이 항상 일정한 정온 동물이고, 폐로 숨을 쉬지.

 우리 인간이 속하는 '포유류'는 새끼를 낳아 젖을 먹여 키우기 때문에 포유류라고 불려. 조류처럼 정온 동물이면서 폐로 숨을 쉬지. 대부분 육지에 살지만 고래처럼 물에 사는 것도 있고, 박쥐처럼 날 수 있는 것도 있어.

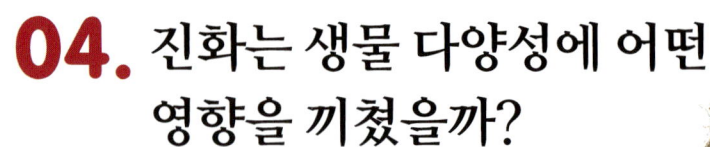

04. 진화는 생물 다양성에 어떤 영향을 끼쳤을까?

 지구는 지금으로부터 약 46억 년 전에 만들어졌대. 그럼 지구에 생물이 처음 나타난 것은 언제일까? 약 35억 년 전으로 추측되고 있어. 그리고 그 주인공은 바닷속에서 광합성을 시작한 시아노박테리아일 것으로 여겨지고 있지. 이것이 우리 생물들의 맨 처음 조상인 셈이야.

지구의 다양한 생물들은 어떻게 생겨났을까?

 옛날 사람들은 지구의 생물들은 모두 신이 만들었고, 한 번 만든 생물은 항상 같은 모습을 하고 있다고 믿었어. 가끔 땅속에서 옛 생물의 흔적이 남겨진 화석들이 발견되면, 신이 만들었다가 모양이 아름답지 않아 없앤 생물이라고 생각했지. 또 대홍수 때 노아의 방주에 실리지 못한 생물들의 유해라고 생각하기도 했어.

 그런데 19세기에 영국의 과학자 찰스 다윈이 비글호를 타고 남아메리카로 떠난 적이 있어. 다윈은 그곳 갈라파고스 섬에서 다양한 생물들을 관찰하다가 새로운 사실을 알아냈지.

 어떤 거냐면, 한 종류의 생물은 아주 오랜 시간이 흐르는 동안, 사는 환경이 달라지면서 생김새나 구조가 조금씩 달라진다는 거야. 또 그러다가 결국에는 완전히 다른 종류의 생물로 바뀌거나, 바뀐 환경에 적응하지 못한 종은 사라진다는 거지.

이런 현상 중 생물 집단이 여러 세대를 거치면서 여러 변화가 쌓여서, 집단 전체의 특성을 변화시켜 새로운 종이 탄생하는 것을 '진화'라고 해.

예를 들어 볼까? 물속에 살던 물고기 중 몇몇이 아주 오랜 세월이 흘러 육지로 올라왔고, 이들은 양서류의 조상이 되었대. 그것을 어떻게 아냐고? 양서류는 어렸을 때에는 물속에서 살다가 자라서는 육지에 살거든. 이것을 보면 물고기가 양서류로 진화했다는 것을 짐작할 수 있지.

또 아주 오랜 세월이 흘러, 양서류 중 건조한 곳에서도 잘 견딜 수 있게 된 몇몇이 파충류의 조상이 되었어. 그 후 자손인 파충류들은 건조한 환경에 알맞게 비늘로 덮인 껍질을 갖게 되었고, 알도 낳게 되었지.

이런 식으로 진화를 하면서 지구에는 다양한 생물들이 생겨났다고 해. 이때 잊지 말아야 할 것은 새로운 생물이 생기는 데에는 아주 오랜 시간이 걸린다는 거야.

어류　　　　　양서류　　　　　파충류

한 종에서 다른 종으로 나뉘는 과정은?

자, 이번엔 초등학교 1학년 때 단짝이던 친구가 미국으로 이민을 갔다고 해봐. 아주 친한 친구였지만, 10년이 지나는 동안 연락 한번 못하다가 우연히 만나게 됐지. 오랜만에 만난 친구는 얼굴도 몰라보게 달라졌고, 한국말도 잊어버려 말도 안 통해. 이럴 경우 얼마나 어색하겠어?

그래도 10년이라는 세월은 어찌 보면 긴 세월은 아니야. 얼마 지나지 않아 그 친구와는 예전처럼 친하게 지낼 수도 있을 거야. 하지만 헤어진 기간이 상상도 할 수 없이 길어서 몇천 년, 몇만 년이 된다면 어떨까?

그때까지 나와 친구가 살아 있지는 않을 거라고? 그래, 그렇다면 나와 친구의 후손들이 '우리 조상이 친구였대' 하며 친하게 지낼 수 있을까?

아마 그렇지 않을 거야. 실제로 미국 그랜드캐니언 계곡에 사는 다람쥐들에게 이런 일이 일어났대.

그랜드캐니언 계곡이 아직 생겨나지 않았던 아주 오랜 옛날에 한 종류의 다람쥐들이 모여 살고 있었어. 그러던 중 아주 깊고 넓은 그랜드캐니언 계곡이 생겼고, 다람쥐들이 살던 곳은 남쪽과 북쪽으로 나뉘게 되었지.

그러자 원래는 같은 종이었던 두 지역의 다람쥐가 오랜 세월을 거쳐 각각 다른 종이 되었어. 생김새는 여전히 비슷하지만 같은 장소에 두어도 서로 짝짓기를 하지 않았던 거야. 같은 종이라면 서로 짝짓기를 할 수 있어야 하고, 자손도 대대로 계속 낳을 수 있어야 하거든.

유전적 다양성이 중요한 이유

그렇다면 생물들이 자손을 낳는 방법에는 무엇이 있을까?

크게 '무성 생식'과 '유성 생식'이 있어. 무성 생식은 몸이 두 개로 나뉘는 이분법처럼, 암수가 짝짓기를 하지 않고 번식하는 방법이야. 이렇게 만들어진 자손은 부모와 똑같은 특징을 갖지. 이에 비해 유성 생식은 암수가 짝짓기를 해서 자손을 낳는 방법이야. 이렇게 나온 자손은 부모의 특징을 고루 물려받아 다양한 특징을 갖지. 이때 부모의 형질(어떤 생물이 갖고 있는 모양이나 속성)이 자손에게 전달되는 것을 '유전'이라고 해.

우리 가족을 생각해 볼까? 나와 형은 같은 부모에게서 태어났지만 키도 얼굴도 성격도 다 달라. 부모 중 한 사람에게만 유전 형질을 물려받은 게 아니라, 두 분 모두에게서 각각 다른 유전 형질을 각자 골고루 물려받았기 때문이지. 이렇게 생물들이 다양한 특징을 가지면 무엇이 좋을까?

플라나리아는 유성 생식도 하고, 무성 생식도 하는 생물이야. 그런데 추위는 잘 견디지만 더위를 못 견디는 플라나리아 한 마리가 있다고 해봐. 이 플라나리아가 자기 몸이 두 개로 나뉘는 이분법으로 번식을 계속해서 8마리의 플라나리아가 생겼어. 그런데 이들이 사는 물의 온도가 갑자기 올라간다면? 이 8마리는 꼼짝없이 죽고 말겠지?

하지만 더위에 잘 견디는 플라나리아와 짝짓기를 해서 8마리의 새끼를 낳는다면, 추위에 잘 견디는 플라나리아와 더위에 잘 견디는 플라나리아가 골고루 나올 거야. 이 경우엔 갑자기 더워져도 다 죽지는 않고, 일부는 살아남을 수 있을 거라고!

이렇게 유성 생식을 하면 자손들이 다양한 형질을 갖게 되어 환경이 갑자기 변해도 멸종하지 않고 살아남을 수 있다는 장점이 있어.

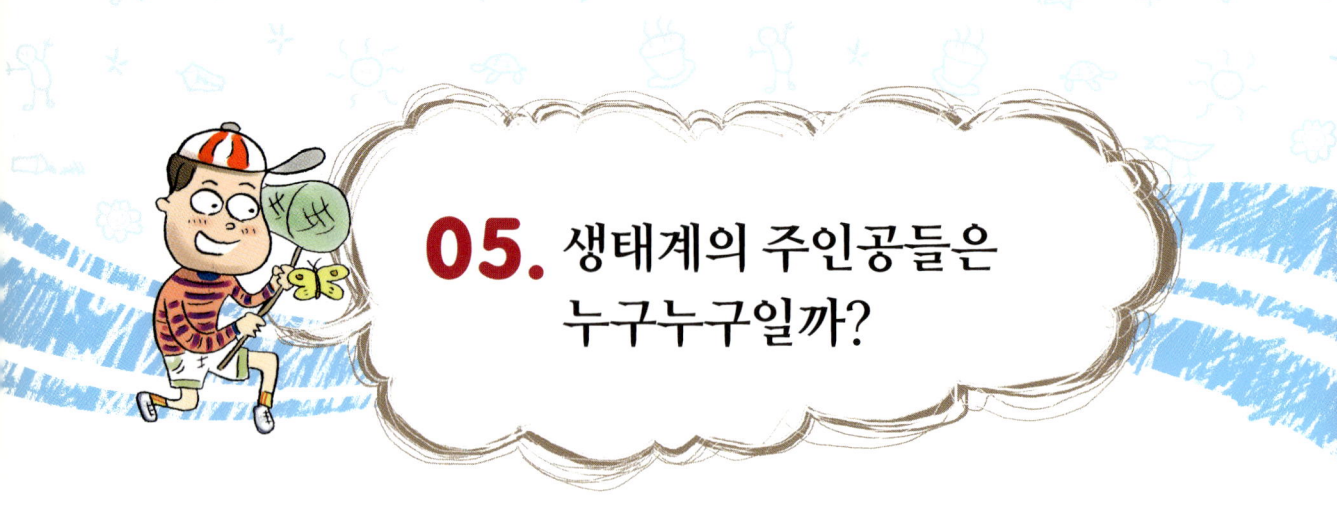

05. 생태계의 주인공들은 누구누구일까?

 '생태계'란 말을 많이 들어 봤지? 생태계란 생물의 생활과 그것을 둘러싼 환경이 서로 밀접한 관계를 맺고 있는 것을 말해. 생태계(ecosystem)의 생태(eco)는 가정을 뜻하는 그리스어인 오이코스(oikos)에서 나왔지.

 하지만 이 말이 과학에서 사용되기 시작한 것은 1930년대야. 그러니까 생태계란 말은 비교적 최근에야 만들어졌다는 것을 알 수 있어. 생태계에 대해 자세히 알아볼까?

생태계를 이루는 생물들

 지구에 사는 생물들은 하는 일에 따라 나눌 수도 있어. 양분을 스스로 만들어 내는 '생산자', 생산자가 만든 것을 소비하는 '소비자', 다른 생물의 사체를 분해하는 '분해자', 이렇게 세 가지로 나눌 수 있지.

이 중 광합성을 통해 스스로 양분을 생산하는 식물은 어디에 속할까? 그래, 생산자야. 생산자가 만들어 낸 양분은 사람과 동물에게 음식이나 먹이가 되어 에너지를 내게 하지. 그에 비해 다른 생물을 먹어야 살 수 있는 동물은 소비자에 속해. 그리고 죽은 생물의 몸을 먹고 영양 물질로 분해하는 세균이나 곰팡이, 버섯 등은 분해자에 속하지. 분해자가 분해한 물질은 흙으로 돌아가 식물의 거름이 돼. 이렇게 생태계 안에서 생산자, 소비자, 분해자는 밀접한 관계를 맺으며 살아가고 있어.

생태계를 이루는 환경 요소들

그런데 생태계를 이루는 것에는 생물만 있는 게 아니라 환경도 있다고 했지? 이 환경 요소에는 햇빛, 온도, 토양, 물, 공기 등이 있어. 이들은 생태계 안에서 생물과 서로 영향을 주고받고 있지.

연못 생태계를 예로 들어 볼까? 연못에 살고 있는 연꽃, 붕어마름 같은 식물들은 연못 물을 깨끗하게 해줘. 그러면 맑은 연못물은 물속 생물들이 잘 살아갈 수 있게 해주지. 또 물속에 녹아 있는 산소는 물속 생물들이 숨을 쉴 수 있게 해준다고.

생태계의 구성원인 우리 모두가 힘을 합쳐 잘 살아 보자고!

그리고 연못을 비추는 햇빛은 식물들이 광합성을 활발히 해서 잘 자랄 수 있게 해주고, 물의 온도를 따뜻하게 해주지.

이처럼 생태계는 환경과 생물들이 조화를 이루어 유지되고 있어.

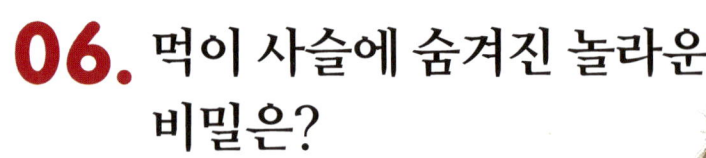

06. 먹이 사슬에 숨겨진 놀라운 비밀은?

내 동생은 나한테 꼼짝 못해. 하지만 나는 아빠한테 꼼짝 못하지. 그럼 우리 아빠는? 하하, 아빠는 엄마에게 꼼짝 못해. 그러면 우리 집에선 엄마가 대장이네! 그런데 우리 가족처럼 생물들도 특별한 관계를 맺고 있대.

먹이 사슬과 먹이 그물

그림에서 벼는 메뚜기에게 먹히고 메뚜기는 들쥐에게 먹혀. 이때 벼는 생산자이고, 메뚜기와 쥐는 소비자가 되겠지.

그런데 소비자 중에서도 메뚜기와 같은 초식 동물은 1차 소비자이고, 쥐와 같은 육식 동

먹이 사슬과 먹이 그물

물은 2차 소비자야. 2차 소비자는 더 강한 육식 동물인 3차 소비자에게 먹히지. 그림에서는 매가 3차 소비자야. 이렇게 생물들 사이의 먹고 먹히는 관계를 '먹이 사슬'이라고 해.

그런데 그림에서 보듯이 메뚜기는 들쥐뿐만 아니라 생쥐, 참새에게도 잡아먹히는 등 많은 생물들과 먹고 먹히는 관계를 맺고 있지? 이렇게 먹이 사슬이 그물처럼 얽혀 있는 것은 '먹이 그물'이라고 해.

그리고 먹이 사슬의 단계에 따라 생물의 수를 표시하면 오른쪽 그림처럼 피라미드 모양이 돼. 아래 단계에서 위로 올라갈수록 생물의 수가 점점 더 적어지지. 이렇게 잡아먹는 생물보다 잡아먹히는 생물의 수가 더 많아야 안정된 생태계를 이룰 수 있어.

먹이 피라미드

생태계에 에너지가 흐른다고?

얼마 전 신문에 수도관이 낡아 수돗물이 새서 연간 3,500여 억 원의 손실을 입고 있다는 기사가 났어. 수돗물이 가장 많이 새는 곳이 50퍼센트라니까, 100리터의 물을 수도관으로 흘려보냈을 때 맨 마지막에 받는 물이 50리터밖에 안 된다는 얘기야. 참 속상한 뉴스지? 그런데 생태계에서도 이런 일이 일어나고 있대.

동물들이 다른 생물을 잡아먹는 이유는 살기 위한 에너지를 얻기 위해서야. 그런데 이 에너지는 처음에 어디에서 올까? 바로 태양이야. 생산자는 태양에서 오는 빛에너지를 이용해 광합성을 해서 양분을 만들지. 이 과정에서 빛에너지가 화학 에너지로 바뀌는 거야.

이때 만든 양분은 식물이 자라는 데 쓰이기도 하고, 열에너지로 빠져 나가기도 해. 또 일부는 식물을 먹는 1차 소비자에게 전달되지. 그리고 먹이 사슬을 통해 2차 소비자로, 또 3차 소비자로 한쪽 방향으로 전달되는 거야. 이렇게 먹이 사슬의 각 단계를 거치면 에너지의 양은 점차 줄어들고, 나중에는 사라져 버려. 마치 수도관이 새서 수돗물이 중간 중간 새어 나가는 것처럼 말이야.

생태계에서 이렇게 에너지가 새어 나가는 양은 수도관에서 수돗물이 새어 나가는 것보다 훨씬 더 크다고 해. 생태계에서 3차 소비자가 이용하는 에너지는 태양 에너지의 0.03퍼센트 정도밖에 안 된다고 하니, 정말 비효율적이지? 그래서 생물들 사이의 에너지 흐름을 그림으로 나타내면, 앞에 나온 먹이 피라미드 모양과 비슷해.

생태계에서의 물질 순환

에너지는 먹이 사슬을 따라 한쪽 방향으로 전달된다고 했어. 하지만 생태계에서 생물에게 아주 중요한 물질인 탄소나 질소는 달라. 지구에 그 양이 정해져 있거든. 이것들은 에너지처럼 한쪽으로 전달되지 않고 생태계를 돌고 돌지.

모든 생물의 몸에는 탄소가 들어 있어. 그래서 분해자인 세균이 동물의 사체를 분해하면, 동물 속에 들어 있던 탄소는 이산화탄소와 메탄가스로 바뀌어 밖으로 나오게 되지. 식물은 이 이산화탄소를 흡수해서 광합성을 해. 또 그렇게 얻은 탄소를 자신의 몸을 자라게 하는 데 쓰지.

세월이 흘러 이 식물도 죽은 후 땅속에서 높은 열과 압력을 받으면 석탄

이 돼. 이 석탄을 사람이 캐서 연료로 쓰면, 다시 이산화탄소로 분해되어 공기 중으로 나가게 되지. 이처럼 지구의 탄소는 계속 돌고 도는 거야.

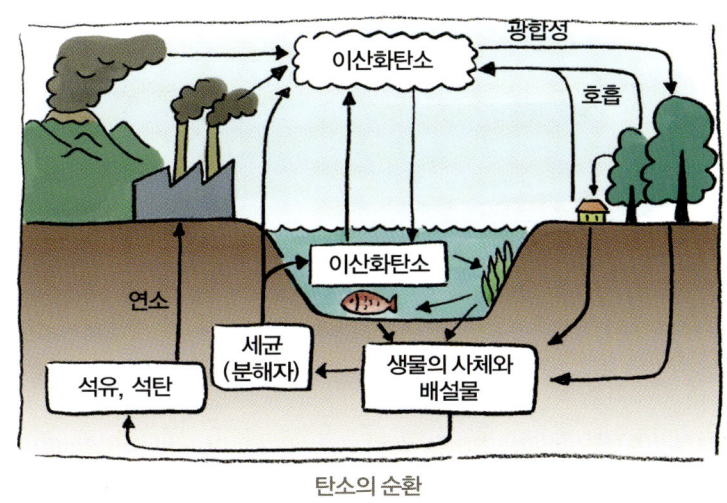

탄소의 순환

한편 질소는 생물의 몸을 이루는 단백질에 들어 있는 성분 중의 하나야. 공기 중에도 약 79퍼센트나 들어 있지. 그런데 생산자인 식물은 공기 속에 든 이 많은 질소를 직접 쓸 수가 없어. 그래서 질소 고정 세균의 도움을 받아 질소를 얻고 있지. 그리고 아주 적은 양이긴 하지만, 번개가 치는 등 공중에서 방전이 일어나면 공기 중의 질소가 이산화질소가 되기도 하는데, 이것이 빗물에 녹아 땅속으로 들어가서 식물에 흡수되기도 해.

이런 여러 가지 방법으로 식물에 흡수된 질소는 식물의 몸을 이루는 데 쓰여. 또 먹이 사슬을 통해 동물로 옮겨지면서 탄소처럼 생태계를 계속 돌고 있지. 이처럼 물질이 생물과 환경 사이를 돌고 도는 것을 '물질의 순환'이라고 해. 이렇게 순환하는 물질에는 산소와 인도 있지.

생태계에서는 이렇듯 에너지는 한쪽 방향으로 흐르지만, 여러 가지 중요한 물질들은 순환하고 있어. 그러면서 안정된 먹이 그물을 유지하고 있지.

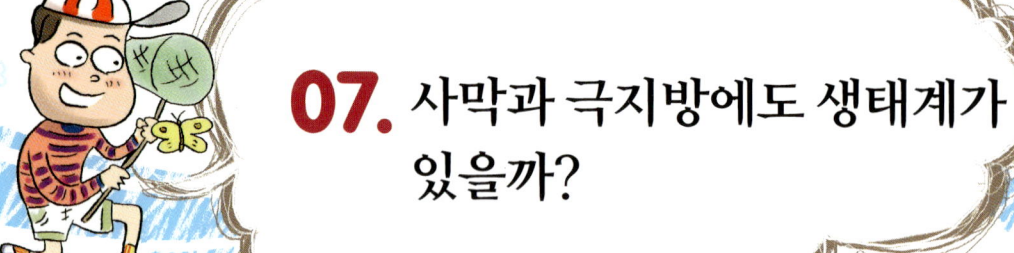

07. 사막과 극지방에도 생태계가 있을까?

지구는 하나의 커다란 생태계야. 하지만 자세히 들여다보면 다양한 환경에 따라 여러 종류의 생태계로 구분되지. 지구 생태계는 크게 육상 생태계와 수중 생태계로 나눌 수 있어.

수중 생태계(바다 생태계와 담수 생태계)

먼저 수중 생태계를 살펴볼까? 지구 표면의 약 70퍼센트나 차지하고 있는 바다는 수많은 생물들의 보금자리가 되고 있어. 이곳 '바다 생태계'의

생물들은 앞의 그림처럼 복잡한 먹이 그물을 이루고 있지. 대부분의 바다 식물과 동물은 햇빛이 잘 드는 위쪽에 살고 있는데, 특히 산호초가 있는 얕은 바다는 생물들의 천국이야. 그리고 더 깊은 바다로 들어가면 돌고래와 고래 등 몸집이 큰 동물들이 살고 있지.

한편 파도가 들이치는 바닷가는 밀물과 썰물이 반복되기 때문에 생물들이 살기에 좋은 환경은 아니야. 그에 비해 갯벌은 양분이 풍부해서 그 양분을 먹고사는 작은 생물들이 많지. 그리고 바닷가 근처에 사는 새들은 게나 조개 등을 잡아먹으며 살고 있어.

지구에는 바다 말고도 강, 호수, 연못, 늪, 습지도 있지? 이런 곳을 한데 일러 '담수 생태계'라고 해. 바다가 짠물이라면 이곳의 물은 민물(담수)이라서 이런 이름이 붙었지.

그중 강이나 호수는 바다에 비해 환경 변화가 적은 편이야. 이곳에는 갈대 등의 식물이 물가를 따라 자라면서, 새와 곤충들에게 먹이와 쉴 곳이 되어 주지. 물이 잘 흐르지 않는 호수에는 수련, 연꽃 등의 식물이 물 위에 떠서 살아. 그리고 늪과 습지에는 풀과 나무가 자라는 사이로 새가 둥지를 틀고, 개구리, 물고기, 악어 등의 동물들이 어울려 살고 있지.

한편 강 하류나 호숫가 근처에 주로 생기는 '습지'는 최근 들어 많은 주목을 받고 있어. 습지는 수많은 생명들의 보금자리이기도 하지만, 오염 물질을 정화하고 홍수와 가뭄을 조절하는 역할을 하거든. 그래서 세계 각국은 '람사르 협약'을 통해 습지를 보호하고 있어.

- **람사르 협약**
습지의 중요성을 인식하고 보존하기 위한 최초의 국제 협약으로 1971년에 체결되었으며 현재 158개국이 가입되어 있다. 우리나라의 경우 창녕 우포늪, 신안 장도 습지, 순천의 보성 갯벌 등 총 11곳이 람사르 습지로 지정되어 있다.

육상 생태계(삼림 생태계와 초원 생태계)

 푸른 나무로 우거진 숲은 동물들에게 먹이와 보금자리를 주고, 또 숨을 곳도 제공하지? 이렇게 숲으로 이루어진 생태계를 '삼림 생태계'라고 해. 숲에 있는 흙은 낙엽이 쌓여서 영양이 매우 풍부해. 그래서 이곳에는 식물의 잎을 먹는 노래기, 지렁이 등이 살고, 또 작은 풀과 양치식물, 커다란 나무들도 살고 있어.

 한편 우리나라에는 드물지만 세계 여러 곳에는 광활한 초원 지대가 있어. 이런 '초원 생태계'는 나무들이 자랄 수 없을 정도로 건조하지만, 사막과는 달리 풀 종류가 자랄 수 있지. 그래서 이곳엔 풀을 먹는 얼룩말, 영양 등이 살고, 쥐와 같은 작은 동물도 살아. 또 새들은 나무 대신 땅속에 굴을 파서 살아가지. 그리고 초식 동물을 먹고사는 표범, 퓨마, 하이에나와 같은 육식 동물들도 있어.

사막 생태계와 극지 생태계

 세계의 육지 가운데 8분의 1은 연간 강우량이 250밀리미터를 넘지 않는 건조한 곳이야. 이런 조건을 갖추고 있는 곳을 '사막'이라고 하지. 그런데 놀랍게도 이렇게 건조한 사막에 여러 생물들이 살고 있대. 대신 가뭄을 견뎌 낼 특수한 능력들을 하나쯤 지니고 있지.

 사막의 대표 식물 선인장은 줄기에 물을 저장하거나, 줄기나 잎을 작게 해서 물이 빠져나가는 걸 막고 있어. 또 보통의 식물보다 뿌리를 길게 뻗어 지하수를 찾기도 하지. 또 어떤 식물은 긴 건기 동안에는 씨로 지내다가 우기가 되면 빠른 속도로 자라서 꽃을 피우고 씨를 남긴 뒤, 곧 말라 버리는 방법을 쓰기도 한대.

사막에 사는 초식 동물들은 물이 많은 식물을 먹어 양분과 수분을 섭취해. 또 땀이나 오줌으로 내보내는 물의 양을 최소로 줄여 물의 손실을 막고 있지. 그리고 더운 낮에는 활동하지 않고 밤에 활동하는 등 활동 시간을 바꿔서 생활하는 동물들도 있어.

사막 생태계의 먹이 사슬

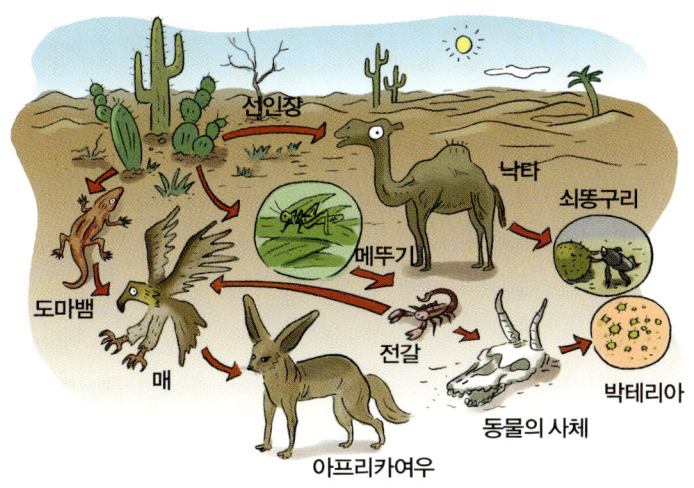

사막만큼 험한 곳이 또 있지? 그래, 지구에서 가장 추운 남극과 북극 지방이야. 그런데 추위와 얼어붙은 물, 살을 에는 바람에도 불구하고 이곳에도 많은 종류의 생물들이 살고 있대.

극지방의 식물은 센 바람으로부터 자신을 보호하기 위해 키가 작은 경우가 많아. 또 짧은 여름 동안 한살이 과정을 마치지. 펭귄, 북극곰, 고래 등의 동물은 추위를 막기 위해 두꺼운 털이나 깃털로 덮여 있어. 또 두꺼운 지방층으로 몸을 따뜻하게 보호하고 있지.

그리고 극지방에는 흰색을 띠는 동물이 많은데, 눈 속에 숨어 적의 눈에 잘 띄지 않고 먹이를 쉽게 구하기 위해 적응한 거야. 한편 남극의 바다 속에는 영양분이 풍부해서 이곳에도 수많은 생물들이 살아가고 있지.

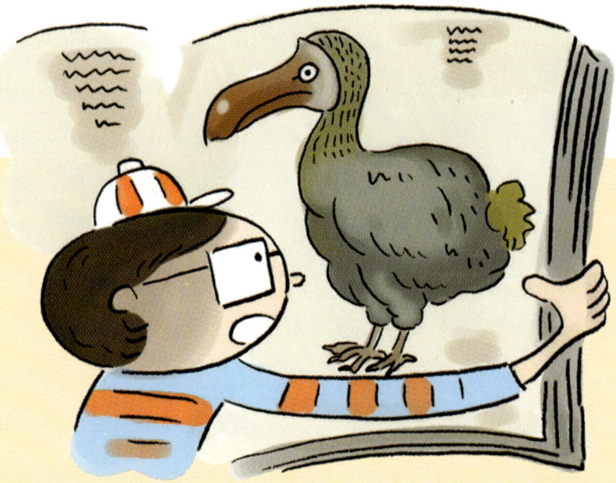

Ⅱ 생물 다양성의 파괴

생태계를 위해, 또 우리 사람을 위해
생물 다양성은 무척 중요해.
그런데 생물 다양성이 파괴되고 있대.
얼마나 많은 생물들이 사라지고 있는 걸까?

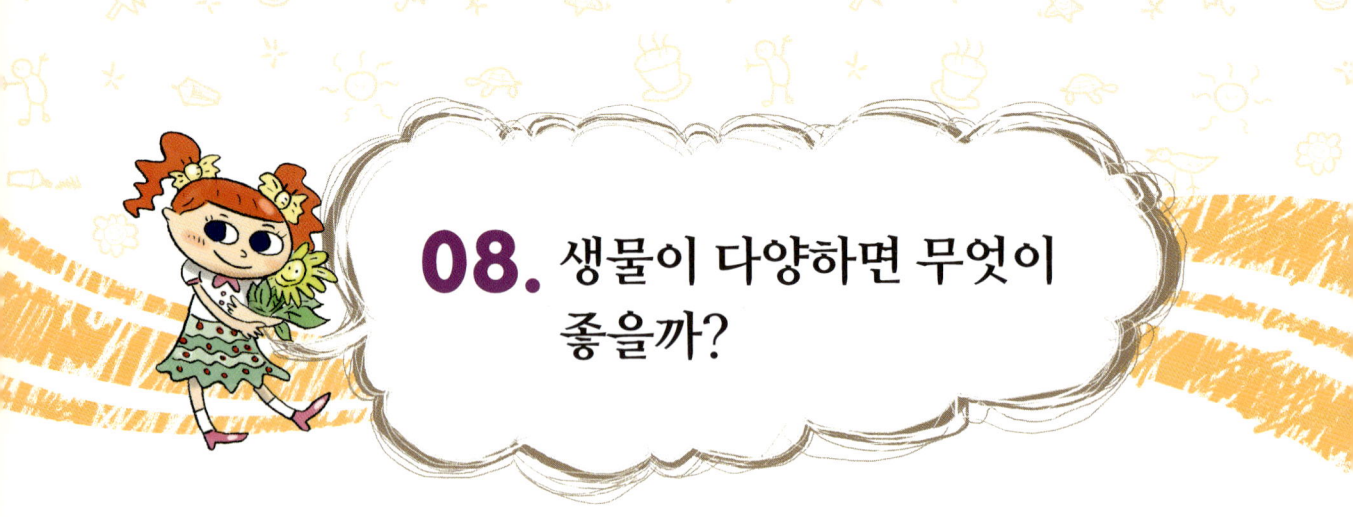

08. 생물이 다양하면 무엇이 좋을까?

　지금까지 다양한 곳에 사는 아주 다양한 생물들을 알아봤어. 물론 그 밖에도 생물의 종류는 아주 많겠지? 이렇게 많은 생물들 중에서 지금까지 발견된 종은 약 150만 종이고, 아직 발견되지 않은 종까지 생각하면 적어도 3,000만 종은 넘을 거래. 정말 엄청난 숫자지? 이렇게 생물의 종 수가 많은 것을 '생물 다양성'이라고 해.

생물 다양성이란 뭘까?

　그럼, 퀴즈! 토끼만 10마리 있을 때와 토끼, 사슴, 개 등 10종류의 동물이 각각 1마리씩 있을 때, 어느 경우가 생물 다양성이 더 클까? 그래, 10종류의 동물이 있을 때 생물이 더 다양하다고 말할 수 있어. 이처럼 생물 다양성은 종의 수가 많은 것을 뜻해.

　그렇다면 이번엔 서로 다른 두 지역에 살고 있는 쥐 10마리를 놓고 생물 다양성을 비교한다면 어떨까? 같은 종류의 동물인데 생물 다양성이 무슨 상관이냐고? 큰 상관이 있어. 생물 다양성을 생각할 때에는 종의 수가 많은 것도 따져야 하지만, 한 생물 집단이 얼마나 유전적으로 다양한지도 따져 봐야 하거든.

　예를 들어 볼게. 한 지역의 쥐 10마리 중 9마리는 털이 검은색이고, 나머지 한 마리만 흰색이야. 쥐의 털색은 부모의 유전자를 통해 물려받지. 그런데 이 쥐 무리에 큰 사건이 생겨서 5마리가 죽었다고 해봐. 안타깝게도 죽은 쥐 중에 흰색 털을 가진 쥐도 있었다면 어떻게 될까?

　이 쥐의 무리에서는 흰색 털이라는 형질이 완전히 사라져 버렸기 때문에, 남은 쥐들이 다시 번식해서 10마리가 되어도 흰 쥐는 영원히 볼 수 없게 돼. 이때 만일 쥐들이 살던 곳이 추워져서 눈이 많이 오는 곳으로 바뀐다면, 검은 쥐는 적의 눈에 잘 띄어 잡아먹히고 쥐는 결국 멸종되어 버리겠지?

　이렇듯 한 생물 집단 안에는 다양한 유전 형질이 있어야 갑자기 환경이 변해도 살아남을 수 있는 생물이 많아져. 최근에 생물 보호 단체를 비롯해서 각 나라에서 멸종 위기종인 생물들을 보호하자는 움직임이 커지고 있는데, 바로 이런 이유 때문이야.

　쥐가 이미 5마리로 줄어든 다음에 잘 보호해서 1,000마리로 늘리더라도, 5마리가 가지고 있던 유전자만 계속 자손에게 전해지기 때문에 유전적 다양성은 늘지 않거든. 이처럼 멸종 위기종을 보호하기 위해서는 단순히 개체 수만 늘리는 게 아니라 유전적 다양성을 보존하는 것이 필요해. 이제 왜 유전적 다양성이 중요한지 알겠지?

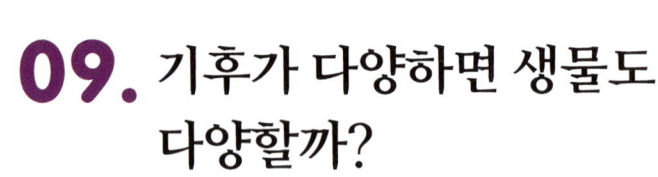

09. 기후가 다양하면 생물도 다양할까?

사막여우와 북극여우는 인터넷 펜팔로 사귄 친구 사이야. 아직까지 만난 적이 없는 두 친구는 방학 때 서로의 집에 방문하기로 약속했지.

여름 방학이 되자 북극여우가 먼저 사막여우네 집으로 향했어. 추운 곳에 사는 북극여우는 사막이 어떤 곳인지도 모른 채, 잔뜩 기대에 부풀어 비행기에서 내렸지.

이런 북극여우를 기다리고 있던 건 후끈거리는 열기와 거센 모래바람이었어. 두꺼운 모피 코트를 입은 북극여우는 견디지 못하고 그만 집으로 되돌아가고 말았어. 그러고는 역시 집이 최고라면서 따뜻한 난롯가에 누워 잠을 청했대.

어때, 북극여우의 심정이 이해가 돼? 이 이야기에서처럼 지역마다 다른 다양한 기후는 그곳에 사는 생물들의 생김새나 생활에 영향을 미쳐.

기후와 생물 다양성과는 어떤 관계가 있을까?

그런데 기후는 뭘까? 날씨와는 뭐가 다르지?

'기후'는 어느 지역에서 오랜 기간 동안(보통 30년간)의 평균적인 날씨를 말해. 기온, 강수량, 바람 등에 따라 그 특징이 다르게 나타나지. 기후는 지역에 따라서도 다르게 나타나는데, 위도, 지형, 해발 고도, 해류, 육지와 바다의 분포 등이 지역마다 다르기 때문이야.

기후가 식물에 미치는 영향에 관심이 많았던 19세기 독일의 식물학자 쾨펜은 지금도 널리 사용되는 '기후구분표'를 만들었어. 각 지역에서 어떤 종류의 나무가 자라는지를 기준으로 삼은 다음, 기온, 강수량, 강수 시기 등에 따라 다음과 같이 5개의 기후로 나누었지.

쾨펜의 기후구분표

나무	기후	특징
자람	A(열대 기후)	저위도 지역이며 최고로 추운 달이 18℃ 이상인 곳
	C(온대 기후)	중위도 지역이며 최고로 추운 달이 -3~18℃인 곳
	D(냉대 기후)	고위도 지역이며 최고로 따뜻한 달이 10℃ 이상, 최고로 추운 달이 -3℃ 미만인 곳
자라지 못함	B(건조 기후)	강수량이 너무 적어 나무가 자랄 수 없는 곳으로 강수량 500mm 미만인 곳
	E(한대 기후)	너무 추워서 나무가 자랄 수 없는 곳으로 최고로 따뜻한 달이 10℃ 미만인 곳

이 중에서 열대 기후 지역은 다른 지역보다 생물 종의 수가 많은 편이야. 예를 들어 극지방에 사는 새는 100종류가 안 되지만, 열대 지방에 사는 새는 600종을 넘지. 다른 생물들도 마찬가지야. 열대 우림 지역에 사는 생물은 다른 지역에서는 살지 않는 고유한 종이 특히 많지. 열대 우림

지역의 면적은 지구의 1.5퍼센트밖에 안 되지만, 지구 생물의 3분의 1이 여기서 살고 있을 정도래. 왜 이런 결과가 나타날까?

학자들은 위도에 따라 생물 다양성의 정도가 달라지는 것을 기후 때문이라고 설명하고 있어. 위도가 낮은 열대 지방에는 태양 에너지가 더 많이 닿고, 비가 자주 와서 물도 풍부하기 때문에 더 다양한 생물들이 살 수 있다는 거지. 또 그만큼 다양한 유전자를 가진 생물들도 많고, 생물들이 살기 좋은 환경이 오래 지속되어서 생물들의 규모가 더 커진다는 거야.

열대 우림 지역   사막 지역

반면에 온대나 한대 지역은 태양 에너지와 물이 부족한 편이야. 또 이 지역은 과거 빙하기를 거치면서 많은 생물들이 죽어 생태계가 여러 번 다시 만들어졌기 때문에, 열대 지역에 비하면 생태계 규모가 작다고 하지.

기후에 따른 식물들의 생활 모습

생물들 중에서 기후에 영향을 특히 많이 받는 것은 식물이야. 강수량이 많은 지역에는 울창한 삼림들이 생기는데, 저위도에서 고위도로 갈수록 기온이 낮아지면서 열대림, 난대림, 온대림, 냉대림이 차례로 나타나지.

이 중 '열대림'에는 키 큰 활엽수가 많고, 종류도 다양해. '난대림'도 활엽수로 이루어져 있는데 참나무, 올리브나무, 동백나무 등이 주로 자라지. '온대림'은 참나무, 소나무 등의 낙엽 활엽수와 침엽수가 같이 자라는 혼합림을 이뤄. 하지만 이 지역에는 사람들도 많이 살아서, 농작지나 거주지로 개발되는 바람에 삼림이 사라지는 경우가 많지. '냉대림'은 타이가라고 불리는 침엽수림을 이루는데, 경제성이 큰 나무들이 많아 임산 자원으로 개발되고 있어.

위도별 삼림 분포

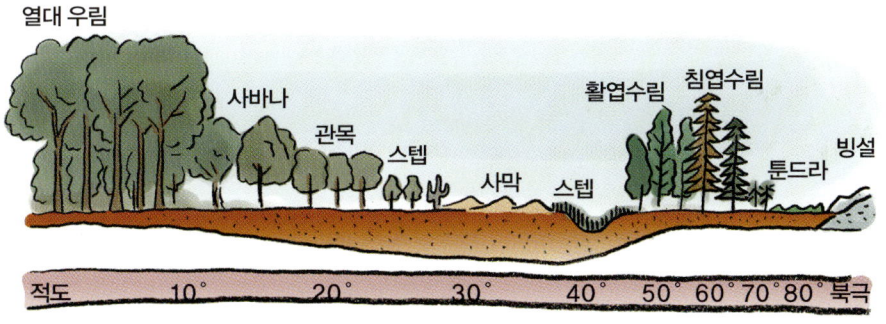

그에 비해 강수량이 적은 지역에는 초원이 나타나지. 열대 우림 주변에는 '사바나'라는 초원이 있는데, 여기에는 키가 큰 풀과 건조한 날씨에도 잘 견디는 나무들이 드문드문 섞여 있어. 그리고 미국의 프레리와 아르헨티나의 팜파스와 같은 '온대 초원'은 키가 큰 풀로 이루어져 있지. 또 건조한 사막 주변에는 짧은 풀이 나 있는 '스텝'이라는 초원이 있어.

강수량이 아주 적거나 기온이 낮은 지역은 식물들이 대부분 자라지 못해. 사막에는 건조 기후에 강한 선인장 종류가 자랄 수 있고, 북극 근처의

툰드라에는 짧은 여름 동안 이끼 종류만 자라지. 이처럼 기후는 생물들의 생활에 많은 영향을 끼치고 있어.

기후는 사회와 문화에도 큰 영향을 줘

다양한 기후는 생물뿐만 아니라 사람들의 생활에도 큰 영향을 줘.

열대 지방에 사는 사람들은 습도가 높기 때문에 옷을 입지 않는 게 생활하기 편해. 그리고 이곳은 생물들이 풍부하기 때문에 자연으로부터 필요한 것을 언제나 얻을 수 있어.

사막은 덥고 건조하기 때문에, 이곳 사람들은 얇은 천으로 된 긴 옷을 입어야 적절하게 땀을 내보낼 수 있어. 또 흙이 풍부하기 때문에 흙집을 짓고, 집에는 창문을 내지 않지. 뜨거운 바람이 집 안으로 들어오는 것을 막으려는 거야. 그리고 초원에 풀이 많지 않기 때문에 초원을 찾아 이동하는 유목 생활을 하기도 해. 이에 비해 극지방에 사는 사람들은 추위를 막기 위해 털가죽 옷을 입고, 얼음으로 집을 짓고 살지.

열대 지방   사막   극지방

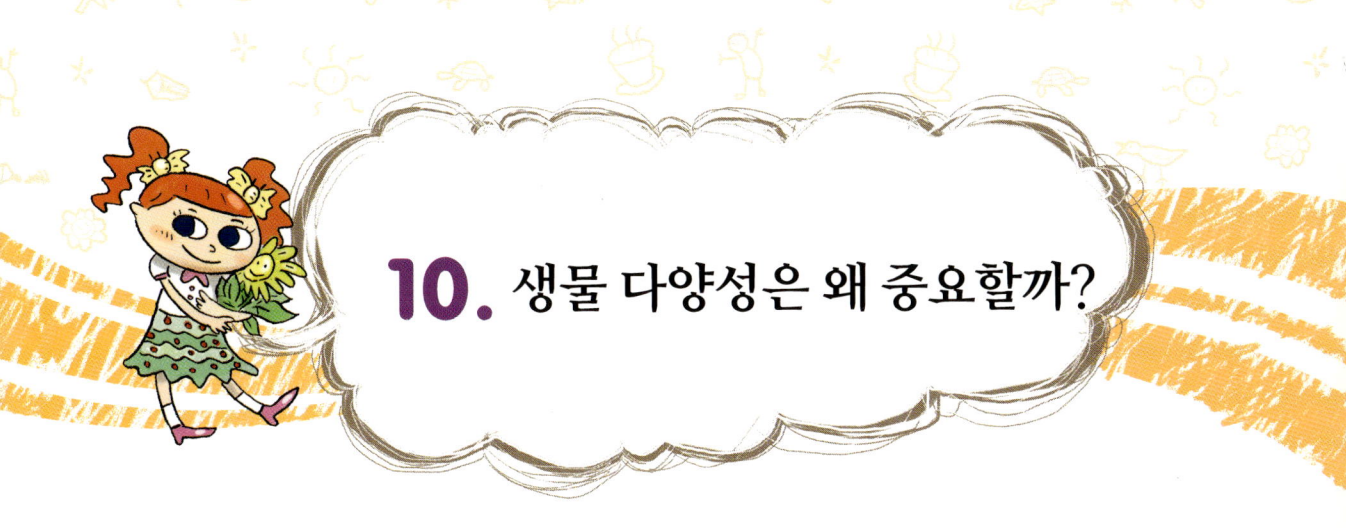

10. 생물 다양성은 왜 중요할까?

 우리는 지금까지 여러 곳에서, 심지어 아주 극한 환경에서도 꿋꿋이 살아가는 생물들을 보았어. 하지만 이곳에 앞으로도 생물들이 계속 살아갈 수 있으려면 생물 다양성이 지켜져야만 해. 이것은 우리 인간에게도 무척 중요한 일이라고. 왜 그런지 알아볼까?

생물 다양성은 우리 생활을 풍요롭게 해줘

 생물들은 마치 아낌없이 주는 나무와 같아. 우리에게 항상 많은 것을 주지. 가축이나 다양한 농작물은 우리에게 매일 먹을거리를 주고 있어. 또 나무들은 가구나 생활 용품이 되어 우리 생활을 편리하게 하잖아.

 또 우리는 다양한 생물들에게서 아플 때 치료할 수 있는 약을 얻기도 해. 최근 연구에 따르면 산호와 굴 껍질이 인간의 뼈와 비슷한 구조를 가지고 있대. 이것을 손상된 뼈 부위에 이식하면 주변의 뼈세포가 몰려와 뼈대를 새로 만든다고 하지. 그래서 척추의 기형이나 골절을 치료할 때 효과적으로 쓰일 수 있대. 그리고 인류 질병의 역사를 크게 바꾼 항생제인 페니실린도 푸른곰팡이라는 미생물이 만들어 낸다는 사실을 알고 있지?

약품의 원료로는 미생물 외에도 식물들이 주로 이용되는데, 특히 아마존 열대 우림에 살고 있는 아주 다양한 식물들은 의약품의 보고라고 할 수 있을 정도야. 말라리아 치료약인 키니네와 심장병 치료제인 디기탈리스, 근육 이완제로 쓰이는 쿠라레, 백혈병 치료제로 쓰이는 빙카 등 수많은 열대 식물이 의약품의 재료가 되고 있지. 오늘도 많은 과학자들은 다양한 생물들에서 신약의 재료를 찾기 위해 열심히 연구하고 있어.

그뿐만 아니야. 사람들은 생물 몸에서 나오는 물질을 이용해서 여러 가지 산업 제품을 만들고 있어. 예를 들어 홍합은 끈적한 물질을 내어 바위에 딱 달라붙는데, 과학자들은 이 물질을 추출해서 강력한 접착제를 만들고 있지. 또 거미줄로 방탄복이나 수술용 실을 만드는 연구도 하고 있어.

한편 생물은 우리가 먹거나 쓰기 위해 훼손하지 않아도, 다양한 모습으로 살아 있다는 것 그 자체가 경제적인 도움을 주기도 해. 잘 보존된 생태계 자체가 관광 자원이 되는 경우도 있지.

아프리카 케냐는 사파리 관광을 할 수 있는 국립 공원이 16곳이나 있어. 관광객들은 잘 보존된 이곳을 차를 타고 이동하면서 다양한 야생 동물들과 경치를 구경하지. 이 관광은 케냐의 관광 수입 대부분을 차지한대.

아예 생태 관광만으로 먹고사는 나라도 있어. 중앙아메리카에 위치한 작은 나라인 코스타리카는 '중앙아메리카의 스위스'라고 불릴 정도로 자연이 아름다운 나라야. 작은 나라지만 세계 생물의 4퍼센트에 이르는 다양한 생물들이 살고 있는 곳이지. 코스타리카 정부는 국토 면적의 25퍼센트를 환경 보전 지역으로 정해서, 환경에 해를 주지 않는 범위에서 관람할 수 있는 상품을 개발했어. 이 예는 환경도 보존하고, 돈도 벌 수 있는 좋은 사례로 널리 알려졌지.

코스타리카 아레날 국립 공원

생태계 안정을 위해 꼭 필요한 생물 다양성

생태계는 매우 복잡한 기계와도 같아. 복잡한 기계는 아주 조그만 나사 하나라도 빠지면 돌아가지 않잖아. 그런 것처럼 생태계도 그것을 구성하는 생물이나 환경에 변화가 생기면 생태계 전체가 피해를 입게 돼. 한 종류의 생물이 멸종하면 그 생물과 관련 있는 다른 생물들도 죽게 되고, 결국 생태계가 완전히 파괴되고 말지.

예를 들어 볼까? 나무가 울창한 숲에서는 가을에 많은 낙엽이 떨어지잖아. 흙 속의 미생물들은 이 낙엽들을 분해해서 토양을 기름지게 하지. 덕분에 튼튼해진 땅은 빗물을 머금어 가뭄에 견딜 수 있게 하고, 홍수나 산사태도 막아 줘. 게다가 숲은 여러 동물들의 살 곳이 되어 주지.

그런데 사람들이 나무를 베어 이 숲을 없앴다고 해봐. 동물들은 살 곳을 잃게 될 거고, 낙엽도 더 이상 떨어지지 않으니 흙 속의 미생물도 죽게 될 거야. 그러면 땅도 척박해지고, 가뭄이나 홍수를 조절하는 능력도 잃게 돼. 이렇게 하나의 숲이 사라지면 그 안에 살던 수많은 생물들도 사라져 생태계가 파괴되고, 결국 생물 다양성은 더욱 더 줄게 되는 거야.

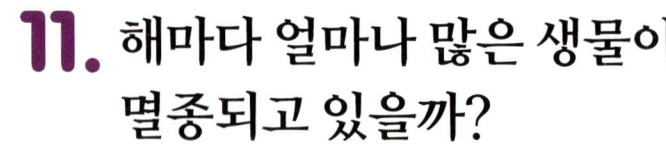

11. 해마다 얼마나 많은 생물이 멸종되고 있을까?

도도새? 옛날에 이런 새도 살았단 말이야?

도도새(1681년), 큰바다쇠오리(1844년), 통가왕도마뱀(1872년), 라가르토도마뱀(1914년), 사막쥐캥거루(1935년), 태즈매니아늑대(1936년). 이 동물들의 공통점은 무엇일까?

지난 500년 동안 인간에 의해 사라진 동물들이야. 이제는 연구실의 표본으로밖에 볼 수 없게 되어 버렸지.

빠른 속도로 사라지고 있는 생물들

이렇듯 어느 한 종류의 생물이 아예 사라져 버린 것을 '멸종'이라고 해. 좀 더 정확히 말하면, 어느 한 종의 생물이 50년 동안 보이지 않으면 멸종된 것으로 구분하지.

과학자들의 연구에 따르면 지구에서 매일 100여 종의 생물들이 사라지고 있대. 이런 속도로 생물들이 계속 사라지면 21세기 말에는 현재의 동식물 중 절반이 멸종될 거라고 하지. 우리나라도 멸종의 위험에서 자유롭지 않아. 한반도에서만 매년 500종의 생물이 사라지고 있다고 하거든. 늑대나 호랑이는 이미 멸종된 것으로 여겨지고, 수달, 산양 등도 점점 그 수가 줄고 있지.

이렇게 빠른 속도로 사라져 가는 생물들을 보호하기 위해 국제자연보호연맹(IUCN)은 '멸종 위기에 처한 동식물 목록', 즉 레드 리스트를 만들어서 사람들에게 널리 알리고 있어. 여기서 '레드'란 멸종 위험에 처한 생물 종을 나타내는 빨간색을 뜻해. 이 책에서는 멸종 위험이 높은 동물을 순서대로 멸종 직전종, 멸종 우려종, 위급종 등으로 구분하고 있지.

이 책에는 중국의 쌍봉낙타, 포클랜드 제도의 검은눈썹신천옹(알바트로스), 이집트 물쥐, 중앙아시아 대초원의 사이가영양, 인도 수리 등 사라져 가고 있는 동물들을 비롯해서, 멸종 위기에 처한 희귀 동식물 16,306여 종(2007년)의 생물이 기록되어 있어.

슬프게도 이 보고서에 실리는 생물들의 수가 해마다 늘고 있어. 특히 베트남 · 중국 · 인도네시아에서는 동식물 보존 상황이 가장 심각한 것으로 나타났지. 먼 훗날 우리 후손들이 까치나 참새 등을 책에서만 볼 수 있는 상황이 되지 않으려면 지금부터라도 열심히 생물들을 보호해야겠지?

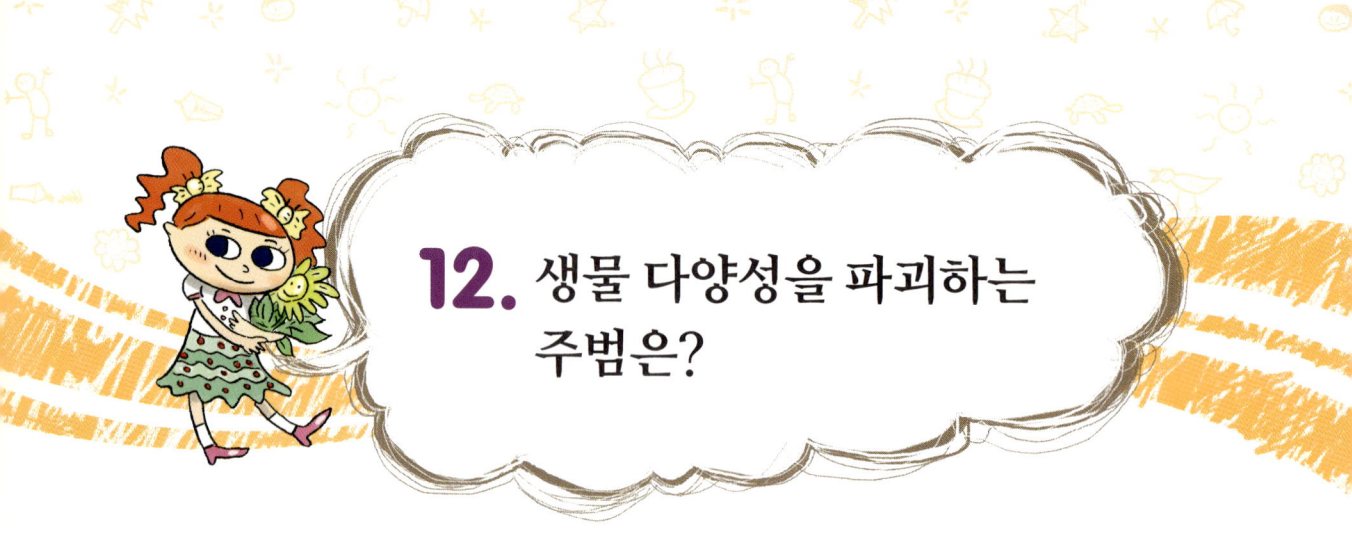

12. 생물 다양성을 파괴하는 주범은?

　오스트레일리아에 살던 원주민들은 서양 문명이 들어오기 전에는 풀 한 포기나 벌레 한 마리도 함부로 죽이지 않았대. 세상 만물은 저마다 이유가 있어서 존재하는 거라고 믿었기 때문이지. 게다가 사막에서 고생 끝에 찾아낸 물마저도 몽땅 차지하지 않았대. 그 물은 사람만을 위한 게 아니라, 사막에 사는 다른 생물들의 것이기도 하다고 생각했던 거야.

　이들은 아주 오랫동안 그곳에 살아오면서 숲도 강물도 더럽히지 않은 채, 자신들에게 필요한 식량과 피난처를 얻었다고 해. 그런데 왜 오늘날에는 지구 곳곳에서 생물들이 죽어 가고 있을까?

인구가 늘어나고 있어

　조선 시대 명재상으로 유명한 황희 정승의 어릴 적 이름이 뭔지 알아? 어린 돼지를 이르는 '도야지'였대. 정승의 이름치고는 엉뚱하지?

　하지만 당시 이런 이름은 흔했어. 우리 조상들은 아기가 태어나면 개똥이, 쇠똥이 등의 이름을 지어 부르다가 4~5살이 되어서야 진짜 이름을 불러 주었거든. 왜 그랬을까?

귀신이 예쁜 아기를 질투해 병을 옮긴다고 생각해서, 일부러 아기에게 나쁜 이름을 붙여 귀신을 따돌리려고 했던 거야. 이 풍습에서 알 수 있는 사실은 옛날에는 어린 아기가 병에 걸려 죽을 확률이 높았다는 거지.

어른들이 환갑잔치를 하는 이유도 이와 비슷해. 옛날엔 30~40대의 나이에 죽는 사람들이 많아서, 이보다 오래 산 어른을 축하하는 행사로 시작되었지. 하지만 지금은 과학 기술이 발달해서 80~90세까지 사는 사람들도 많아. 어린 아이의 사망률도 크게 낮아졌지. 덕분에 세계 인구는 점점 증가해서 2009년에는 68억 명을 넘어섰다고 해. 하지만 이러한 인구 증가가 다른 생물들에게는 큰 재앙으로 다가오고 말았어.

쐐기사슴이 멸종 위기에 처한 까닭은?

쐐기사슴은 미국 플로리다 지역에서만 발견되는 동물이야. 한때 몇몇 섬에서만 살고 있었는데, 1900년대 초에 사냥꾼들이 마구잡이로 사냥하는 바람에 50여 마리밖에 남지 않았대. 1957년이 되어서야 빅파인키 섬에 쐐기사슴 보호 지역이 지정되어 보호를 받고 있지만, 여전히 600~800마리밖에 되지 않는 멸종 위기종이야.

그와는 반대로 빅파인키 섬의 주민은 1957년의 500명에서 지금은 5,000명으로 늘어났어. 사람들은 집도 더 짓고, 고속 도로도 만들었지. 시간이 흐르면서 쐐기사슴의 서식지는 계속 줄고 있고, 자동차에 치어 죽는 사슴도 많아지고 있대.

이 예에서 보듯이 쐐기사슴이 멸종 위기에 처하게 된 것은 처음부터 끝까지 사람들 때문이야. 일부 과학자들은 소행성 충돌로 일어난 6,500만 년 전의 대멸종보다, 오늘날 사람들에 의해 저질러지는 생물 멸종이 더 큰 피해를 주고 있다고 주장하고 있지.

 이처럼 도시를 개발하거나 목재를 얻기 위해 숲을 파괴하는 것, 광물을 얻기 위한 광산 개발, 골프장 등의 오락 시설을 만들기 위한 공사 등 사람들의 무분별한 개발 때문에 생물들의 서식지가 바뀌고 있어.
 또한 인구가 폭발적으로 증가하면서 식량의 수요도 늘어서 농지의 규모가 커지게 되었어. 계속 농사를 짓다 보니 땅의 지력이 떨어지고, 더 많은 농산물을 얻기 위해 비료와 화학 살충제를 사용했지. 그러다 보니 주변 생태계까지 파괴되었어.
 바다 생물의 서식지 또한 위협받기는 마찬가지야. 해안 지대나 산호초 지역은 관광지로 개발되어 파괴되고 있지. 더구나 어부들은 식량 자원으로 번식할 수 있는 최소한의 개체도 남겨 놓지 않은 채 물고기를 마구잡이로 잡아들이고 있대. 우리나라의 경우 가까운 바다에서는 물고기들의 씨가 말라, 고기를 잡기 위해서는 먼 바다로 나가야 할 정도라고 하지.
 환경 보호 단체의 연구에 따르면 멸종 위기에 놓인 생물 종 가운데 73퍼센트가 사람이 생물의 서식지를 파괴했기 때문이라고 해.

외래종이 들어오고 있어

최근 들어서는 인간이 외국에서 옮겨 온 외래종이 생물 다양성에 또 다른 위기를 주고 있어. 사람들이 다른 나라를 여행할 때 무심코 씨앗이나 곤충을 묻혀 오기도 하고, 애완용으로 들여온 생물을 자연에 버려 퍼지기도 하지.

이런 외래종은 환경이 달라지니까 살아남는 데 대부분 실패하지만, 몇몇 종류는 살아남아 우리 땅에 정착하게 돼. 이런 생물을 귀화 생물이라고 하지. 블루길, 배스, 붉은귀거북, 황소개구리, 돼지풀 등이 대표적이지. 이런 귀화 생물

붉은귀거북

은 천적이 없어 빨리 번식하기 때문에 빠른 속도로 토종 생물의 수를 줄이고 있어.

최근에 보이기 시작한 주홍날개꽃매미는 원래는 중국에서 살던 것이 우리나라에 들어와서 골칫거리가 되고 있는데, 태풍이나 황사를 타고 왔거나 중국에서 들어오는 목재나 화물 등에 섞여 들어온 것으로 추정되고 있지. 주홍날개꽃매미는 주로 가죽나무나 참죽나무의 수액이나 포도 과즙 등을 빨아먹고 살면서 나뭇가지를 말라죽게 해. 그리고 과일 표면에 상처를 내서 상품 가치를 떨어뜨리는 등 과수 농가에 피해를 주고 있지. 하지만 우리나라에 천적이 없기 때문에 전국에 급속도로 퍼지고 있어.

이처럼 사람들의 인구가 늘어나고 활동 영역이 지구 전체로 넓어지면서 생물 다양성의 파괴에도 여러 가지 영향을 끼치고 있어.

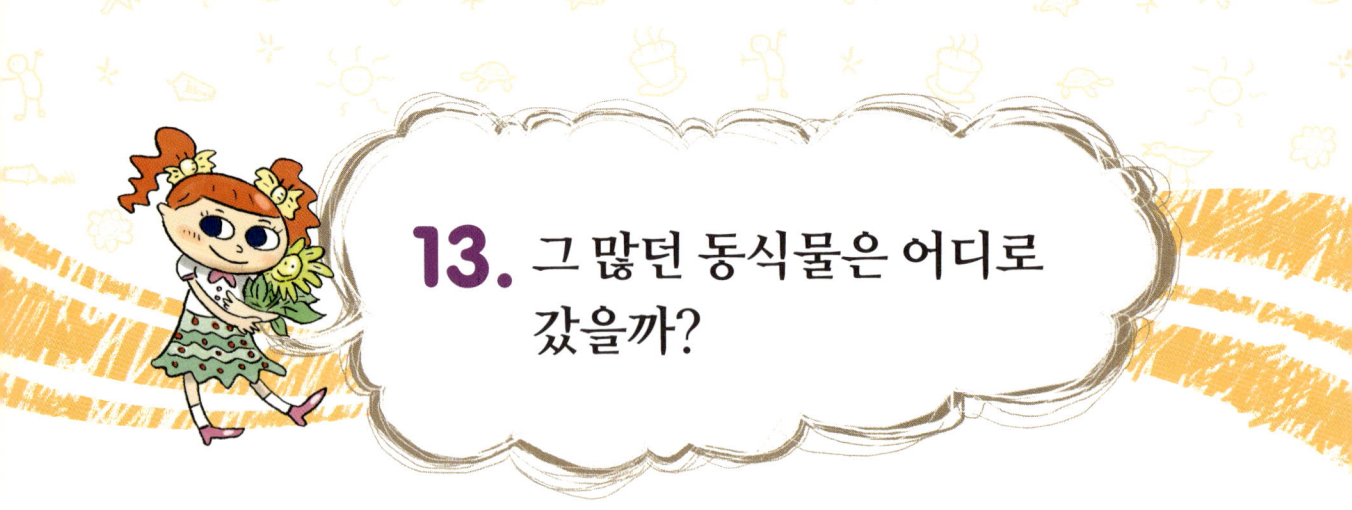

13. 그 많던 동식물은 어디로 갔을까?

우리나라 전래 동화를 보면 호랑이가 등장하는 이야기가 참 많지?

 곶감을 무서워한 호랑이, "떡 하나 주면 안 잡아먹지"라고 말하는 호랑이, 동아줄을 타고 올라가는 오누이를 잡아먹으려다 떨어져 죽은 호랑이 등……. 여러 이야기를 읽다 보면 무섭기도 하면서 때로는 순진하기도 한 호랑이가 친근하게 느껴지곤 하지.

 옛날에 호랑이가 얼마나 많았던지 조선 시대 기록에는 한양 한복판에 호랑이가 나타나 사람들을 상하게 했다는 이야기가 여러 번 나와. 이렇게 많았던 호랑이를 지금은 왜 볼 수 없을까?

 동물원에 많이 있다고? 그 호랑이들은 토종 한국호랑이가 아닌 외국에서 들여온 다른 종이야. 우리나라 고유의 호랑이는 이제 자연에서는 찾아볼 수 없게 되었지.

인간의 욕심으로 사라져 가는 동식물들

먹을거리를 얻는 정도로만 동물을 사냥하거나 식물을 채집하던 때에는 생물들이 평화롭게 살 수 있었어. 하지만 사람들의 욕심이 커지자 문제가 생겼지. 돈을 벌기 위해, 혹은 오락을 위해 생물들을 마구 잡고 있거든.

동물을 몰래 잡는 밀렵꾼들은 돈이 되는 것이라면, 멸종 위기에도 상관없이 마구잡이로 희귀 생물들을 잡고 있어. 바다의 로또라 부를 정도로 비싼 값에 팔리는 고래는 사냥이 금지되어 있는데도 몰래 잡고 있지. 애완용으로 비싸게 팔리는 갈라파고스거북, 앵무새 등은 밀렵꾼들이 알까지도 훔쳐 가고 있어.

또 바다표범, 밍크, 여우 등은 값비싼 옷을 만들기 위해 해마다 많은 수가 희생되고 있어. 비싼 장식품으로 사용되는 상아를 가진 코끼리는 아주 오랜 옛날부터 잡아들여 지금은 그 수가 얼마 남지 않았지.

웅담이 몸에 좋다는 얘기에 곰 또한 수난을 당하고 있어. 몇 해 전 지리산에 방사된 반달곰이 죽은 채로 발견되었던 것도 웅담을 얻기 위한 밀렵꾼들의 소행으로 밝혀졌지. 이렇게 몰래 사냥을 하다가 사람을 동물로 착각해 쏘기까지 하는 등 인명 사고도 해마다 끊이지 않고 있어.

생물들을 보호하기 위해서는 불법으로 잡은 동물들을 재료로 한 물건들을 사지도, 팔지도 않도록 해야 할 거야.

14. 숲이 사라지는 까닭은?

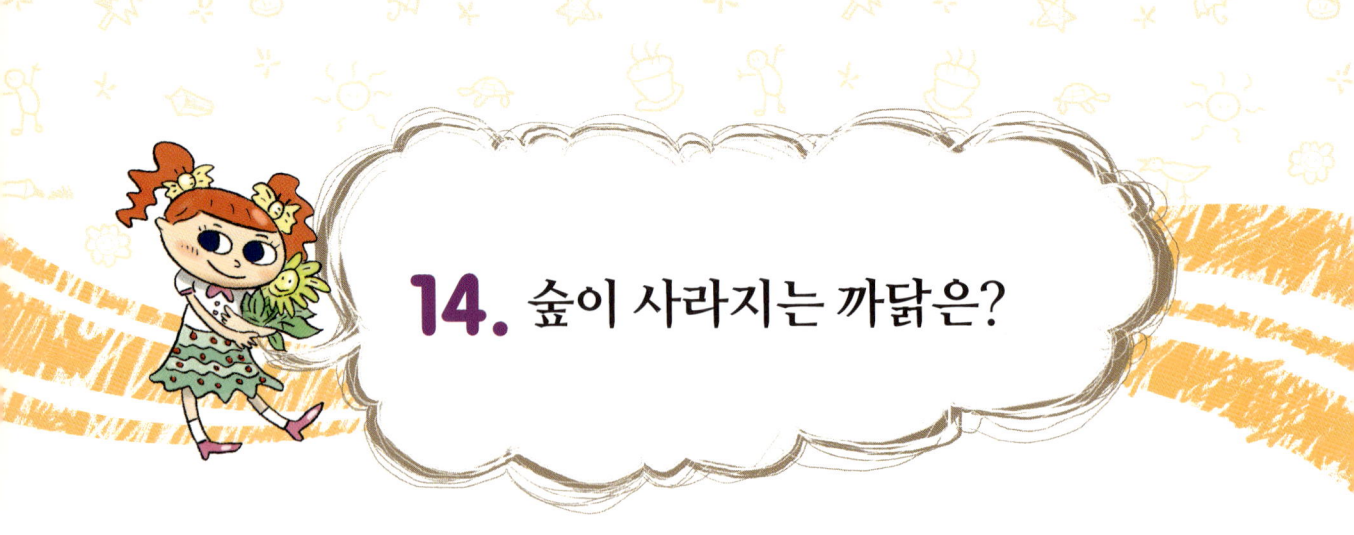

인더스 강, 나일 강, 티그리스·유프라테스 강. 이 강들은 문명의 발상지로 유명한 곳이야. 그렇다면 예전엔 아주 화려한 곳이었을 텐데, 그곳의 유적들이 지금은 모래 속에 묻혀 있대. 울창한 숲으로 가득했던 지역이 왜 이렇게 모래만 남은 쓸쓸한 곳이 되었을까?

그건 사람들이 숲을 제대로 관리하지 못했기 때문이야. 주변의 숲을 마구 베어 집을 짓거나 연료로 사용한 탓에, 땅이 점점 황폐해져 모래로 덮였고, 시간이 지난 후 사람들에게 버려진 거지.

지구의 허파, 열대 우림

지구에서 가장 울창한 숲은 어디에 있을까? 아무래도 비가 많이 오고 따뜻한 적도 지역에 있겠지? 적도 근처에 있는 브라질, 중앙아프리카, 동남아시아의 섬들은 일 년 내내 덥고 비가 많이 와서 울창한 숲을 이루고 있어. 이러한 숲을 '열대 우림'이라고 하지.

열대 우림의 면적은 전체 육지의 7퍼센트밖에 되지 않아. 하지만 이 지역에 살고 있는 생물은 세계 생물 전체의 80퍼센트나 된대. 아직까지 발견되지 않은 생물들도 대부분 이곳에 있을 것으로 추측되니까, 열대 우림에 얼마나 많은 생물들이 살고 있는지 알 수 있겠지!

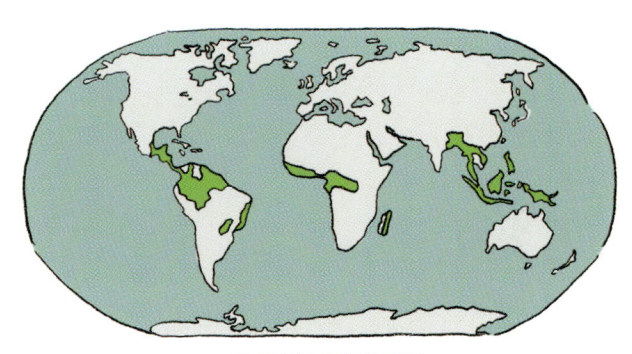

세계의 열대 우림 지역

특히 지구에 남아 있는 열대 우림의 약 30퍼센트가 브라질의 아마존 강 유역에 있는데, 이 지역의 나무들은 지구의 산소 중 약 20퍼센트를 만들고 있대. 그래서 열대 우림을 '지구의 허파'라고 부르지. 만일 열대 우림이 없어진다면 생물들은 산소가 모자라 숨을 쉴 수 없게 될 거야.

이렇게 무성한 열대 우림은 강수량을 일정하게 유지해 주고, 이산화탄소의 양을 조절해서 지구의 기온이 올라가지 않도록 해줘. 또 앞에서도 살펴봤듯이, 아낌없이 주는 나무처럼 우리에게 열매, 목재, 약 등 다양한 선물을 주고 있지.

열대 우림은 왜 파괴되는 걸까?

열대 우림은 100년 전만 해도 지금보다 훨씬 더 넓었대. 그러던 것이 겨우 100년이 지나는 동안 반으로 줄어 버린 거야. 이런 속도로 가다가는 2035년 이후에는 열대 우림이 완전히 사라져 버릴지도 모른다고 해.

정말 걱정스럽지? 그런데 왜 열대 우림이 빠르게 줄어드는 것일까?

열대 우림이 아주 울창한 브라질은 세계에서 다섯 번째로 인구가 많은 나라야. 경제적으로 넉넉한 편이 아니어서 주로 나무를 팔아 외국에 수출해 돈을 벌고 있지. 전문 벌목회사들은 불도저로 밀림에 길을 만들고, 수많은 벌목꾼들이 전기톱을 이용해서 나무를 베어 나르고 있어.

나무를 베고 나면 그 다음에는 사냥꾼들이 들어와서 동물들을 사냥해 비싼 값으로 팔고 있지. 그리고 나무와 동물들이 사라진 땅에는 가난한 농민들이 들어와서 농사를 지어 생계를 이어 가고 있어.

이곳에서는 농사를 짓기 위해 그나마 남아 있는 나무들에 불을 질러 다 태운 다음 농토를 만든다고 해. 이런 식으로 농사짓는 방식을 '화전'이라고 하지. 처음에는 불에 탄 나무들이 거름이 되어 농작물이 잘 자라

벌채로 파괴된 아마존 원시림

지만, 8~12년 정도가 지나면 지력이 약해지게 돼. 이때는 지력이 회복될 수 있도록 얼마 동안 농사를 쉬어야 하지만, 가난한 농민들은 굶어 죽지 않기 위해 계속 농사를 짓고 결국 농토는 사막처럼 변해 버리지. 그러면 농민들은 이 땅을 버리고 다른 숲으로 가 다시 화전을 해.

이런 식으로 브라질의 열대 우림은 점점 파괴되고 있어. 그런데 열대 우림이 사라지는 것은 세계 전체에 영향을 끼치잖아. 그래서 다른 나라들은

브라질에게 열대 우림을 개발하지 말라고 요청하지만, 브라질 정부는 자원을 개발할 권리는 자기네에게 있으니 참견 말라고 하지.

이런 문제는 풍부한 열대 우림을 가진 나라들 모두에게서 나타나고 있어. 환경 보존이 중요하다는 것을 알고는 있지만 당장 먹고살 문제가 급하기 때문에 어쩔 수 없다는 거지.

살 곳을 잃은 동물들은 어디로 갈까?

열대 우림에서만 숲이 파괴되고 있는 것은 아니야. 곳곳에 점점 더 많은 집을 짓고, 고속 도로, 터널, 골프장과 유원지 등을 개발하는 바람에 야생 동물들이 살 곳을 잃게 되었지. 고라니들이 고속 도로 근처까지 내려와 먹이

를 구하다가 교통사고를 당해 죽는 일은 이제 흔한 일이 되어 버렸어.

최근 들어 야생 동물들이 민가를 습격했다는 뉴스들이 많이 나와. 예전 같으면 깊은 산 속에 살고 있을 수리부엉이가 농가를 습격해 닭이나 오리 등을 채어 가기도 하고, 멧돼지가 밭의 농작물을 망치기도 하고, 심지어는 서울 한복판에 멧돼지가 나타나 난동을 부리다 잡히기도 했지.

이처럼 야생 동물이 끼치는 농가 피해액은 매년 200억 원이 넘는다고 해. 야생 동물에 의한 피해 때문에 속상하겠지만 사실은 인간에게 쫓겨난 동물들의 대반란인 셈이라고.

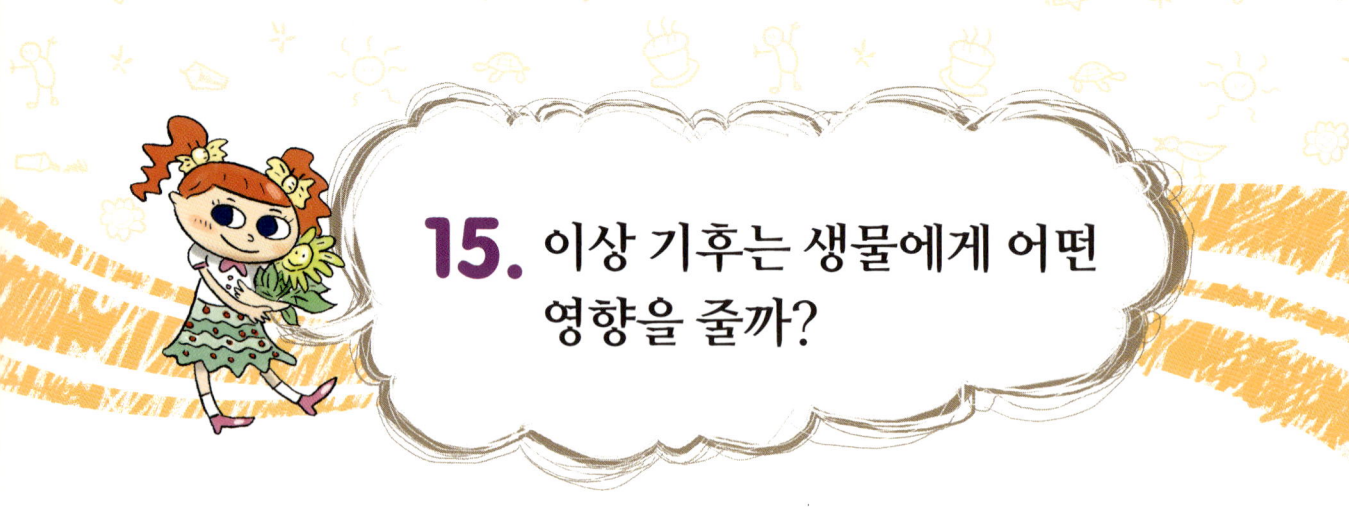

15. 이상 기후는 생물에게 어떤 영향을 줄까?

지구가 점점 따뜻해지고 있어

저런, 북극에 간 노상태 기자에게 큰일이 벌어졌네! 어쩌다 두꺼운 북극의 얼음이 녹아 버린 걸까?

북극의 얼음이 녹는 것은 지구가 점점 더워지고 있기 때문이야. 지난 100년 동안 지구의 온도는 약 0.7도 올라갔지. 이런 추세라면 100년 뒤에는 지금보다 약 3.5도가 올라갈 거래. 지구는 왜 이렇게 더워지고 있을까?

지구에서 생물들이 살 수 있는 이유 중 하나는 지구가 알맞은 온도를 유지하고 있기 때문이야. 우리가 잠을 잘 때 이불을 덮지 않으면 추위를 느끼지만, 이불을 덮으면 열이 빠져 나가지 않아 따뜻하게 잘 수 있잖아.

지구에도 이런 이불 역할을 하는 것들이 있어. 바로 대기 중의 이산화탄소, 메탄, 수증기 등의 기체들이지. 이들은 지구에 도달한 태양열이 잘 빠져나가지 못하게 붙잡고 있는 역할을 해.

온실 기체 : 이산화탄소, 메탄, 수증기 등은 지구의 이불 역할을 하여 일정한 온도를 유지할 수 있게 해준다.

그런데 이 기체들이 더 많아지면 어떻게 될까? 이불을 여러 겹 덮고 자면 너무 더워져 땀을 흘리게 되지? 그런 것처럼 이 기체들이 많아지면 지구는 점점 더워지게 돼.

여기서 문제가 되는 것은 이산화탄소야. 이산화탄소는 다른 기체들에 비해 빠른 속도로 늘어나고 있거든. 생활이나 공장에서 사용하는 화석 연료 때문에 많은 양의 이산화탄소가 생기고 있지. 게다가 열대 우림이 파괴되고 있어서 이렇게 늘어나는 이산화탄소를 흡수할 식물들도 줄어들었어.

동물들이 살 곳이 줄어들어

이러한 지구 온난화로 피해를 보는 동물들이 있어. 북극곰 이야기를 들어 봤니? 북극에 봄이 찾아오면 얼음이 녹기 시작하는데, 이 시기가 예전에 비해 훨씬 빨라졌대. 그래서 북극곰들은 예전보다 더 일찍 겨울잠에서 깨어나 살 곳을 새로 찾아가야만 해.

또 북극곰이 봄과 여름을 나려면, 겨울철에 충분한 먹이를 먹어야 하거든. 하지만 먹이를 구할 수 있는 겨울은 짧아지고, 먹이가 부족한 봄과 여름이 길어지면서 살기가 점점 힘들어지고 있어.

그런 까닭에 최근에는 인가를 어슬렁거리는 북극곰들이 자주 발견되고 있대. 집 근처 쓰레기통을 뒤지거나 사람을 공격하는 바람에 근처에 사는 주민들은 함부로 집 밖에 나가지 못한다고 해.

계절에 따라 먼 거리를 이동하는 철새에게도 기후 변화는 반갑지 않아. 시베리아에 살고 있는 붉은가슴도요새는 겨울을 나기 위해 따뜻한 남부 아프리카로 먼 여행을 떠나는데, 가는 중간 중간에 쉬었다 가야 하지. 하지만 지구 온난화로 북아프리카의 사막 지대가 점점 넓어져서 철새들의 쉴 곳이 줄어들고 있어.

이렇게 힘든 여행을 한 철새들은 너무 지친 나머지, 거의 죽기 직전의 상태로 목적지에 도착하게 돼. 앞으로 사막 지역이 더 넓어진다면 철새들은 죽게 될지도 모르지. 게다가 철새들은 추운 곳에서 알을 낳는데, 추운 지역이 갈수록 줄고 있으니 더욱 걱정이지.

동물들의 수가 줄어들어

남아메리카에 살고 있는 바다거북 또한 지구 온난화의 피해자야. 이 거북은 바닷가 모래 속에 알을 낳는데, 거북의 성별은 특별한 방법으로 결정되지. 추운 지역에서 깨어난 알은 수컷이 되고, 따뜻한 지역에서 깨어난 알은 암컷이 되거든.

그런데 바닷물의 온도가 점점 올라가니까, 암컷은 많아지고 수컷이 줄어들어. 그러면 암수의 수가 맞지 않아 짝짓기가 힘들고, 결국 전체 바다거북의 수도 줄게 되는 거야. 게다가 북극의 얼음이 녹아 해수면이 높아지면서 바다거북이 알을 낳을 모래사장도 줄어들고 있대.

이처럼 지구 온난화는 생태계를 파괴할 뿐만 아니라, 결국에는 인간에게도 피해를 주기 때문에 문제가 더 심각해.

 지옥으로 가는 6단계, 지구 온난화

세계적인 환경운동가인 마크 라이너스는 자신의 책에서 지구 온난화를 지옥으로 가는 지름길이라고 말했어. 지구의 온도가 1℃씩 올라갈 때마다 각 지역은 커다란 기후 변화가 일어나고, 그와 함께 생물들이 죽게 되거든.
어떤 일들이 벌어지는지 구체적으로 볼까? 지구의 온도가 1℃ 올라가면 킬리만자로의 만년설이 녹게 돼. 2℃ 올라가면 그린란드의 얼음이 녹아서 평균 해수면이 7m까지 높아지지. 또 바다에 녹는 이산화탄소의 양이 늘어나서 바닷물이 산성화되고, 이 때문에 바다 생물의 3분의 1이 멸종하게 돼. 3℃가 올라가면 사람들은 지구 온난화를 더 이상 막을 수 없고, 4℃가 올라가면 북극과 남극의 얼음이 녹아 해안가의 도시는 물에 잠기고 말아. 또 5℃가 올라가면 남극 중앙에 숲이 생기고, 대규모 쓰나미가 발생하지. 6℃까지 올라가면 지구 생물 종의 95%가 사라지게 된다고 해. 상상만 해도 정말 끔찍하지?

16. 늑대의 멸종은 공룡의 멸종과 어떻게 다를까?

지금은 화석으로밖에 볼 수 없는 삼엽충과 공룡도 한때 잘 나가던 시절이 있었어. 삼엽충은 고생대의 3억 년 동안, 공룡은 중생대의 2억 년 동안 지구의 지배자였지.

지금 잘 나가고 있는 우리 인간의 역사는 기껏해야 200만 년 정도야. 삼엽충과 공룡 앞에선 어림도 없지. 그런데 삼엽충과 공룡은 어쩌다가 멸종되었을까?

지질 시대에 나타난 생물의 멸종

오늘날 알려진 생물의 종 수는 약 150만 종이지만, 알려지지 않은 종까지 합하면 3,000만 종 이상으로 생각되고 있어. 오랜 지구 역사에서 한 번이라도 존재했던 종까지 계산해 보면 훨씬 더 많은 숫자가 나오겠지만,

이들의 99퍼센트는 이미 멸종되었다고 하지.

지질 시대에는 다섯 차례의 대규모 멸종이 있었는데, 우리에게 가장 잘 알려진 것은 공룡의 멸종으로 유명한 백악기 말의 멸종이야.

한때 지구의 주인이었던 공룡이 멸종한 이유에는 여러 가지 가설이 있는데 그중 유명한 것은 운석 충돌설이야. 운석이 충돌하면서 지구에 들어오는 햇빛을 가려서 기온이 낮아지고, 또 식물들이 광합성을 못해 죽으면서 초식 공룡, 육식 공룡의 순으로 멸종하게 되었다는 설이지.

다섯 차례의 대멸종

대	기	시작	환경 변화	생물의 변화
선캄브리아대		45억 년 전	대기 중에 산소가 최초로 생겨남	진핵생물 등장 최초의 원핵생물 등장
고생대	캄브리아기	5억 4,300만 년 전	대기 중의 산소가 오늘날과 비슷해짐	많은 종류의 생물이 폭발적으로 생김
	오르도비스기	5억 년 전	대규모 빙하 형성	대멸종(종의 75% 사라짐)
	실루리아기	4억 4천만 년 전	해수면 상승, 무덥고 습한 기후	어류 등장, 육상 생물 등장
	데본기	4억 900만 년 전	대륙의 충돌	대멸종(종의 75% 사라짐)
	석탄기	3억 5,400만 년 전	기후 하강	대규모 양치식물 번성, 파충류 등장
	페름기	2억 9천만 년 전	대규모 빙하 형성	대멸종(종의 96% 사라짐)
중생대	트라이아스기	2억 4,500만 년 전	무덥고 습한 기후	공룡, 포유류 등장, 대멸종(종의 65% 사라짐)
	쥐라기	2억 6백만 년 전	기후가 온화함	다양한 공룡 등장
	백악기	1억 4,400만 년 전	운석 충돌	대멸종(종의 75% 사라짐)
신생대		6,500만 년 전	춥고 건조한 기후로 반복적인 빙하	인간의 진화, 큰 포유동물의 멸종

위의 표에서 보는 것처럼 생물의 멸종은 운석 충돌이나 빙하, 지각 변동과 같은 환경의 영향을 받았고, 멸종의 시기에 4분의 3이 넘는 종이 없어

졌다는 것을 알 수 있어.

제6의 멸종

어떤 과학자들은 현재 지구가 제6의 멸종을 향해 가고 있다는 의견을 내놓기도 했어. 과거 5차례 멸종의 원인은 환경 변화였지만, 오늘날의 멸종은 인간 때문이라는 거지. 현재와 같은 생물의 멸종 속도라면 불과 16,000년 만에 지구상의 생물 96퍼센트가 멸종될 거라고 해.

이 속도는 과거 페름기의 멸종 속도와 비슷해. 46억 년의 지구 역사를 1년으로 보았을 때, 12월 31일 저녁이 되어서야 나타난 인간이 지구 전체의 생물들을 멸종의 위험으로 몰고 가는 주범이 되고 있지.

인간이 자연과 어울려 살아가던 옛날에는 생태계에 큰 위험을 주지는 않았어. 하지만 300여 년 전 산업 혁명이 일어나면서 인간들은 수많은 오염 물질을 내놓기 시작했고, 자연을 마구 개발해 생태계를 파괴하면서 생물들을 죽음으로 내몰고 있어.

이 300년을 위에서와 같은 방식으로 따져 보면 겨우 2초에 불과해. 지구의 역사에서 재채기 한 번 할 만큼의 짧은 시간 동안에 우리는 수많은 생물들을 죽이고 있는 셈이라고.

한반도에서 한국늑대가 사라진 이유

한국늑대는 한때 우리나라에 널리 살던 생물이야. 조선 시대 말까지만 해도 많은 수가 살고 있었지. 하지만 지금은 거의 멸종된 것으로 보고 있어. 현재 환경부 지정 멸종 위기 야생 동물 1급에 지정되어 있지.

일제 강점기에 사람들에게 피해를 주는 동물을 없앤다는 이유로, 3,000

마리가 넘는 늑대가 사냥에 희생당했어. 또 늑대의 먹이인 대륙사슴도 사냥으로 멸종되는 바람에, 먹이가 부족해져 그 수가 점점 더 줄어들었지. 한국 전쟁 후에는 쥐약을 먹은 야생 동물을 먹기 시작하면서, 한국늑대는 거의 사라졌어.

많은 사람들은 인간이 이룩한 과학 문명의 발전 덕분에 아무리 큰 위기가 닥치더라도 해결책을 찾아낼 거라고 생각하고 있어. 또 인류 멸망은 영화에서나 나오는 얘기일 거라고 믿고 있지.

하지만 인간 역시 생태계를 이루는 수많은 생물들 중의 한 종일뿐이야. 삼엽충이나 공룡이 우리보다 지능이 낮아서 멸종한 것도 아니고, 우리가 다른 생물들보다 좀 더 뛰어나 번성하는 것도 아니거든.

대멸종의 사건에서 살고 죽는 것은 그저 우연에 의해 결정된다고 해. 살아남은 생물들도 행운이 따라서 환경 변화에 적응할 수 있었던 것이라는 거지. 우리도 만물의 영장이라고 으스대고 있지만, 언제든지 멸종의 대상이 될 수 있다는 사실을 잊지 말아야 해.

Ⅱ 생물 다양성의 파괴

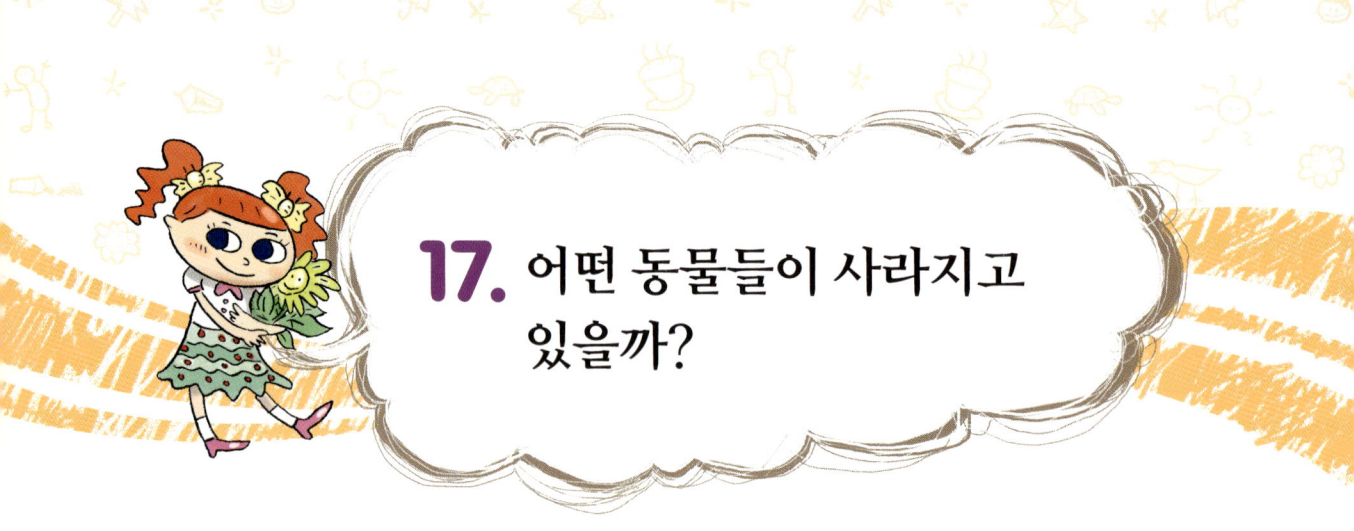

17. 어떤 동물들이 사라지고 있을까?

　뉴욕 센트럴파크 동물원의 인기 스타들이 비행기 사고로 불시착해서 여러 가지 소동을 벌이는 〈마다가스카르〉란 영화를 본 적이 있니?

　이 만화 영화에 나오는 마다가스카르는 인도양에 있는 아프리카의 섬나라야. 이곳은 열대 우림이 무성해서 많은 생물들이 살고 있지. 지상에 살고 있는 생물들 중 식물의 90퍼센트와 동물의 70퍼센트가 이곳에서만 살고 있을 정도로 생물 다양성이 풍부한 이 섬은 생물들의 낙원이라고 할 수 있어. 하지만 최근 밀림 개발과 밀렵 때문에 생물들이 빠른 속도로 사라지고 있다고 해.

　이런 사실은 마다가스카르만의 이야기가 아니야. 국제자연보호연맹(IUCN)의 발표에 따르면 포유류의 4분의 1이 이미 멸종 위기에 처해 있다고 하지. 인도네시아, 베트남 등에서 사는 자

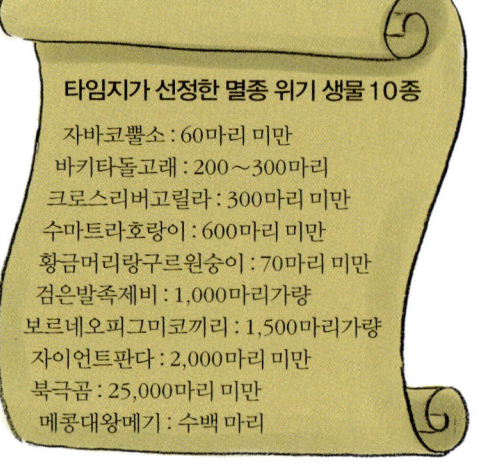

타임지가 선정한 멸종 위기 생물 10종

자바코뿔소 : 60마리 미만
바키타돌고래 : 200~300마리
크로스리버고릴라 : 300마리 미만
수마트라호랑이 : 600마리 미만
황금머리랑구르원숭이 : 70마리 미만
검은발족제비 : 1,000마리가량
보르네오피그미코끼리 : 1,500마리가량
자이언트판다 : 2,000마리 미만
북극곰 : 25,000마리 미만
메콩대왕메기 : 수백 마리

바코뿔소는 60마리도 채 남지 않았고, 북극곰, 펭귄 등도 지구 온난화로 그 수가 점점 줄어들고 있지.

더 이상 보지 못할지도 모르는 동물들

멸종 위기에 처한 동물들을 한번 만나 볼까?

방글방글 웃고 있는 것처럼 보이는 이 동물은 이와라디돌고래야. 초롱초롱한 눈빛과 웃는 것처럼 보이는 모습 때문에 '웃는 돌고래'라는 별명도 지녔지. 사람들을 좋아해서 백상어에게 당할 뻔한 인간을 구해 줬다는 훈훈한 이야기도 있어.

지난 수십 년간 지구 온난화와 돌고래 사냥 때문에 그 수가 줄어들었는데 얼마 전 방글라데시의 한 섬에서 6,000마리의 이와라디돌고래가 모여 살고 있는 것이 발견되었다고 해. 정말 다행스러운 일이 아닐 수 없어.

두 번째 소개할 동물은 지구에서 마지막으로 발견된 신종 포유류인 오카피야. 아프리카 콩고 지역에 살고 있지. 얼룩말 무늬가 있고 말처럼 생겼지만 실제로는 기린과 더 가까운 동물이라고 해. 머리 한가운데 난 뿔 때문에 '아프리카의 유니콘'으로 불리는데, 콩고 원주민들의 눈에는 괴물처럼 보

여서 마구 잡고 말았대. 그 바람에 수가 줄어들어 현재는 약 5,000마리 정도만 남아 있다고 해.

수단과 우간다 국경에는 '오카피 야생 생물 보존 지구'가 있을 정도로 희귀종 중의 희귀종이야. 긴 혀로 나뭇잎을 먹고사는데 얼마나 혀가 긴가 하면 포유류 중 유일하게 혀로 귀를 후빌 수 있대. 하하, 이 녀석은 귀이개가 필요 없겠지?

매력적인 큰 눈의 이 동물은 북극 근처에 사는 하프물범이야. 보기에도 폭신폭신한 하얀 털로 덮여 있지. 그래서 흰 눈 위에서도 눈에 잘 띄지 않아. 하지만 다 자라면 등에 하프 무늬가 생겨서 이런 이름이 붙었대. 하프물범은 덩치가 크고 땅 위에서는 잘 움직이지 못해서, 모피를 얻으려는 밀렵꾼들에게 많은 수가 희생되었어. 또 지구 온난화로 얼음이 녹아 살 곳을 잃은 것도 하프물범의 수가 줄어드는 원인이 되었지.

곰과 너구리, 고양이의 모습을 합친 것 같은 렛서팬더는 몸통이 곰과 비슷하게 생겼지만, 다른 곰들과는 달리 겨울잠을 자지 않는대. 히말라야 산맥과 중국 일부 지역에서 살고, 사람처럼 걸어 다니는 모습이 유명한데, 이

모습은 적이 나타났을 때 경계하는 모습이라고 해.

여기에 소개한 동물 말고도 더 많은 동물들이 멸종 위험에 처해 있어. 지금부터라도 보호하지 않으면 몇십 년 지나지 않아 영영 못 보게 될지도 몰라.

우리나라의 멸종 위기종은?

환경부에서는 우리나라의 생물자원을 보호하기 위해서 221종의 생물을 '멸종 위기종'으로 지정해서 관리하고 있어. 또 문화재청에서는 희귀 동식물과 서식지 219개를 '천연기념물'로 지정해 보호하고 있지. 그리고 산림청에서도 보호가 필요한 식물 217종을 '희귀 식물'로 지정해 보호하고 있어. 이런 생물들을 함부로 잡거나 서식지를 망치면 큰 벌을 받게 돼.

우리나라에 살고 있는 생물 종 수

분류군	종 수
포유류	1,170
조류	8,715
파충류	5,115
양서류	3,125
어류	21,000
무척추동물	1,300,000
관다발 식물	250,000
비관다발 식물	150,000

(1997년)

우리나라 희귀종과 멸종 위기종 현황

구분	계	멸종된 종	멸종 위기종	희귀종	감소 추세종	멸종된 종의 예
계	179	6	43	110	20	
포유류	21	1	8	8	4	호랑이
조류	54	1	23	30	–	원앙사촌
양서류, 파충류	12	–	1	6	5	
어류	29	1	3	18	7	서호납줄갱이
곤충	24	–	1	23	–	
식물	39	3	7	25	4	물솔, 파초일엽

(자료 출처 : 환경백서, 1997 / 단위 : 종)

Ⅲ 생물 다양성과 생물자원

옛날에는 목화 열매로 솜옷을 만들었고
지금은 도마뱀 침으로 당뇨병 치료제를 만들고 있어!
생물자원의 중요성은 점점 커져 가고 있지.
우리나라의 토종 생물과 생물자원을 지키기 위한
노력에 대해 알아보자.

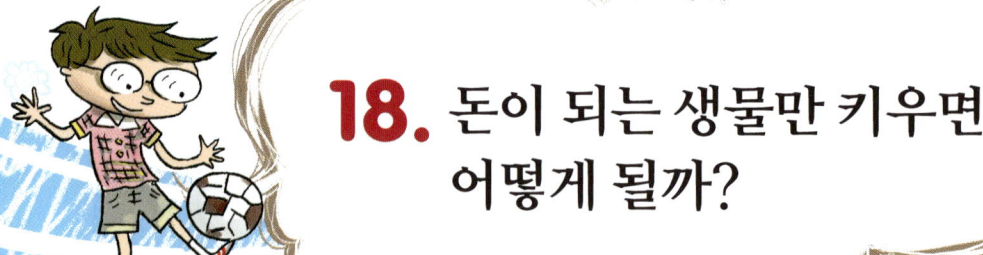

18. 돈이 되는 생물만 키우면 어떻게 될까?

 강원도에 가면 찰옥수수가 맛있지? 그런데 옥수수는 남아메리카의 페루가 원산지래. 남아메리카 원주민들은 아주 오래전부터 감자와 옥수수를 주식으로 먹었는데, 그러던 것이 유럽과 중국을 거쳐 16세기에 우리나라로 들어왔다고 하지. 우리는 옥수수를 간식으로 먹지만, 사실 옥수수는 쌀, 밀과 함께 세계 3대 작물의 하나야.

옛날 옥수수는 지금과 달랐다고?

 옛날 남아메리카 원주민들이 먹었던 옥수수의 생김새는 어땠을까? 우리가 알고 있는 큼직하고 노란 알맹이가 가득 찬 모습일까? 만약 우리가 타임머신을 타고 옛날 그곳으로 간다면, 옥수수를 눈앞에 두고도 알아보지 못할 거야.
 왜냐고? 옛날 원주민이 먹던 옥수

우리나라 옥수수

수는 알갱이 수도 적고, 크기도 지금보다 훨씬 작은 볼품없는 열매였거든. 옥수수뿐만 아니라 토마토, 벼, 밀 등 지금 우리가 먹는 곡식과 열매들의 원래 모습은 지금보다 더 작고, 하나의 이삭에 달려 있는 낟알 수가 적거나 맛이 떨어지는 경우가 많지.

그러던 것이 어떻게 지금 우리가 먹는 것처럼 크고 맛있어진 걸까? 그것은 품종 개량을 계속해왔기 때문이야. 유전에 대해서 잘 몰랐던 예전에도 사람들은 좋은 형질을 가진 생물들을 교배해서 우수한 자손을 얻으려고 했지. 옥수수, 밀, 쌀 같은 농작물을 우수한 개체끼리 교배하면 자손 중에 맛이 더 뛰어나고, 열매가 많이 달리는 종류가 나오거든.

물론 닭, 소, 돼지 등의 가축도 마찬가지야. 그뿐만 아니라 애완용, 관상용으로 기르는 생물들까지 끊임없는 품종 개량을 통해, 화려하거나 색이 예쁜 다양한 품종들이 만들어지게 되었지.

경남도농업기술원 화훼육종연구소에서 개발한 다양한 우리꽃 품종. 순서대로 거베라 3종(핑크라이트, 스위티, 쿠키), 국화 2종(레몬트리, 핑크트리), 장미 1종(레드아이)

유전 공학이 발달한 오늘날에는 생물의 유전자를 직접 조작해서, 이전보다 더 손쉽게 뛰어난 품종을 만들 수 있게 되었어. 병충해에 강한 벼, 빨리 자라는 밀, 수확량이 많은 옥수수, 젖이 많이 나오는 젖소 등 그 예는 점점 많아지고 있지. 기술의 발달로 좀 더 풍요로운 삶을 살 수 있게 된 거야.

오히려 유전자 다양성이 줄어든다고?

그런데 문제는 이런 품종 개량이 생물에게는 오히려 독이 된다는 사실이야. 왜 그럴까?

앞에서도 말했지만, 생물 다양성이란 생물 종의 다양성뿐만 아니라, 같은 종류의 생물 중에서 개성을 나타내는 유전자의 다양성도 포함되어 있어. 그러니까 한 종의 수가 아무리 많아도 유전자의 다양성이 부족하면, 그 종은 언제든지 멸종될 수 있다는 말이야.

예를 들어 어떤 사람들은 에이즈 바이러스에 감염되어도 증상이 나타나지 않는대. 이 사람들의 유전자에는 에이즈에 대항하는 항체를 만드는 정보가 들어 있기 때문이라고 하지. 또 소나무의 에이즈로 불리는 소나무

재선충은 걸리면 누렇게 말라죽는 병이야. 그런데 어떤 소나무들은 다른 소나무들이 이 병에 걸려 죽어 갈 때도 여전히 푸르다고 해.

이런 사례들은 각 생물 종의 유전자가 다양하기 때문에 어떤 위험이 닥쳐도 살아남을 수 있는 종류가 있다는 것을 보여 주는 거야.

하지만 밀이나 쌀 같은 곡식이나, 가축 등 사람들이 기르는 생물의 경우에는 사정이 좀 달라져. 다른 생물들은 인간의 간섭 없이 살아오면서 자연스럽게 유전적 다양성을 가지게 되었지만, 농작물은 그렇지 않거든.

내가 농부라면 어떤 농작물을 심고 싶을까? 빨리 자라고, 열매가 많이 달리고, 병충해에 강한 그런 곡식을 심어 돈을 많이 벌고 싶을 거야. 또 조그만 땅에서 농사를 짓기보다는 넓은 땅에 농사를 지어야 더 많은 수확을 할 수 있겠지.

우리에게 농사는 농부 아저씨가 소에 쟁기를 채워 밭가는 모습을 떠올리게 하지만, 미국이나 캐나다의 농부들은 비행기로 농약을 뿌릴 정도로 넓은 땅에서 농사를 짓지. 농사 자체가 기업화되었다고 볼 수 있어.

이렇게 넓은 땅에서 더 많은 돈을 벌기 위해서는 가장 경제적인 품종을 심을 거야. 이런 이유로 현재 전 세계에서 농사에 사용되는 곡식 품종은 종류별로 1~2가지에 불과해. 돈이 되는 품종만 남기고, 다른 종류의 품종들은 재배하지 않는 거지. 예전에 밀은 약 20만 개, 벼는 30~40만 개의 유전자 다양성이 확보되어 있었는데, 농업이 기업화되면서 밀과 벼의 유전자 다양성은 오히려 크게 줄어들었어.

이런 경우 급작스러운 환경 변화, 즉 기온 변화나 새로운 해충이 생기는 등의 사건이 일어나면, 모두 죽어 버릴 수도 있어. 농부들이 기르는 밀과 벼의 수는 많지만, 유전적으로는 모두 같아서 새로운 위험에 견딜 수 있는 능력이 모두 사라져 버렸기 때문이야.

실제 1840년대 아일랜드에서는 감자역병이라는 감자에 걸리는 전염병이 돌아 75만 명이 굶어 죽었어. 아일랜드의 감자는 감자역병에 특히 약한 한 가지 종류만 있었기 때문에 무방비로 당할 수밖에 없었던 거지.

• **소나무재선충**
크기 1mm 내외의 실 같은 선충으로서 나무 조직 내에 수분, 양분 이동 통로를 막아 나무를 죽게 하는 해충. 해송, 적송, 잣나무 등에 피해를 준다. 치료약이 없고 소나무재선충을 옮기는 곤충에 대한 천적도 없어서, 한번 감염되면 모두 말라죽는다.

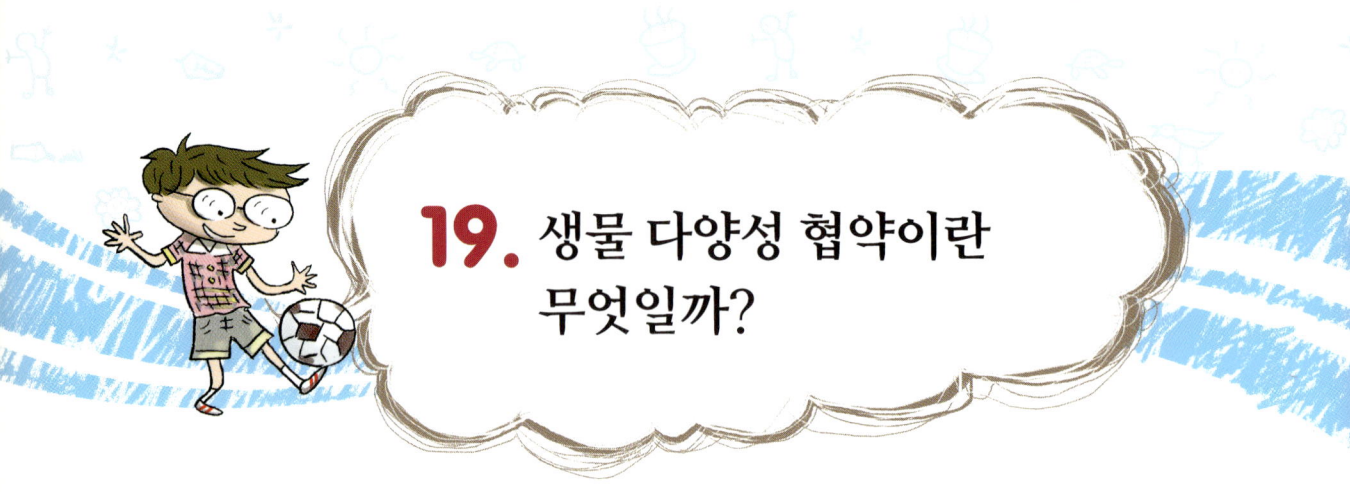

19. 생물 다양성 협약이란 무엇일까?

생태계의 가치는 얼마나 될까? 세계자연보호기금은 아마존 열대 우림 지역의 생태계 가치를 1만 제곱미터(m^2)당 100달러로 평가하고 있어. 또 미국 경제학계의 보고에 따르면, 습지가 하수를 처리하거나 수질을 정화하는 기능 등을 돈으로 환산하면 1헥타르에 약 40만 달러나 된대. 이것은 인간이 인공으로 정화 시설을 만들 때보다 저렴하다고 해.

그렇다면 우리나라의 습지인 우포늪을 이런 식으로 계산해 보면 얼마나 될까? 우포늪의 면적이 약 150헥타르 정도니까 6천만 달러, 즉 약 6백 억 원의 가치가 있다고 할 수 있어. 생태계의 가치를 이렇게 돈으로만 따질 수는 없겠지만, 그만큼 생태계와 생물들의 가치가 높다는 것을 알 수 있지.

- **세계자연보호기금**
영어로 World Wide Fund for Nature(약칭 WWF)이다. 규모가 매우 크고 영향력 있는 국제 자연 보호 기구 중의 하나인 이 기금은 국경과 문화, 종교를 넘어서, 지구 온난화나 환경 오염을 막고 모든 생물을 보호하는 일을 한다.

생물 다양성 협약이란?

인간의 환경 파괴로 생태계도 파괴되는 것을 지켜본 사람들은 환경 보호의 필요성을 느끼게 되었어. 하지만 환경 보호는 개인의 힘만으로는 어렵고, 한두 나라의 노력만으로도 한계가 있어.

그래서 1992년 6월 유엔환경개발회의에서 158개국 대표들이 모여 생물 다양성 협약이 맺어졌고, 1993년 12월부터 효력이 발생되었지. 우리나라도 1994년 10월 3일에 가입해서 생물 보호를 위해 노력하고 있어.

생물 다양성 협약의 목표는 지구에 살고 있는 생물 종을 보호하고, 생물 자원에서 나오는 이익을 공정하게 분배하는 데 있어. 예를 들어 열대 우림에서 목재를 채취하는 것 같이 순수하게 생물을 이용했을 때 생기는 이익과, 식물을 원료로 신약을 개발했을 때의 이익 등을 그 생물이 있는 생물자원국과 그 생물을 이용해 개발한 개발국에게 공정하게 나누자는 것이 주된 내용이야.

생물 다양성 협약의 문제점

이렇게 좋은 취지로 만든 협약이지만, 모든 나라들을 만족시킬 수는 없어. 나라마다 이해관계가 다르다 보니, 의견을 좁히기 어렵거든. 특히 선진국과 개발 도상국 사이에 잦은 다툼이 일어나고 있지.

전래 동화 『흥부와 놀부』에서 놀부는 부모님이 돌아가시자, 많은 재산을 혼자서만 독차지하고 흥부를 내쫓았어. 흥부에게는 딸린 자식들이 많았는데 재산이 없으니 가난에 허덕였지. 하지만 놀부는 가로챈 재산을 계속 불려 엄청난 부자가 되었어.

동화에서는 착한 흥부가 제비의 부러진 다리를 고쳐 주고 박씨를 얻어 부자가 되었어. 하지만 이런 일이 실제로 일어나기란 하늘의 별따기일 거야. 보다 현실적인 방법은 흥부가 원님에게 놀부를 고소하는 거지. 놀부의 재산을 반으로 나누어 달라고 말이야.

이때 흥부와 놀부의 생각은 각각 달라. 흥부는 놀부가 부모님의 재산을 몽땅 차지해 더 많은 돈을 벌었으니, 놀부가 지금 재산을 반으로 나누어 줘야 한다고 생각할 거야. 그에 비해 놀부는 돈을 주기 아깝지만 원님이 굳이 주라고 한다면 부모님이 물려준 원래 재산의 절반만 주면 된다고 생각하겠지. 이 이야기 속의 흥부와 놀부가 각각 개발 도상국과 선진국의 입장이라고 할 수 있어.

개발 도상국들은 대개 생물자원은 풍부하지만, 자본이 없어서 개발할 능력이 부족한 편이야. 반면에 선진국들은 생물자원이라는 개념이 없던 시절에 개발 도상국의 생물자원을 마구잡이로 채취해서, 신약을 개발하거나 새로운 상품을 만들어 많은 돈을 벌었지.

이제 개발 도상국들은 과거 선진국들이 강탈해 간 생물자원을 지금의 가치로 환산해 돈으로 보상해 주고, 그것을 이용한 기술이나 상품에 대한 권리도 주장하고 있어. 하지만 선진국은 자신들의 돈을 들여 기술과 상품을 만들었으니 그것에 대한 권리를 보장해 주고, 또 인류를 위해 생물자원을 자유롭게 이용할 수 있게 해달라는 입장이야.

이렇게 의견이 팽팽하다 보니, 어느 쪽 주장이 맞는지, 또 어느 선에서 서로 양보를 해야 할지 결정하는 데 어려움이 있어.

오랜 의논 결과 최종적으로 결정된 생물 다양성 협약에서는 두 입장을 모두 고려해 다음과 같이 정했어. 생물 다양성 보전을 위해 생물자원이 풍부한 나라들은 보호 지역 제도를 만들고, 보호 지역을 운영해서 생물들을 보호할 책임이 있다는 거야. 대신 생물자원을 이용한 사업을 시작할 때 생물 다양성에 대한 영향을 미리 평가해서 생물에게 미치는 피해가 최소가 되게 하고, 이익은 공평하게 나누자는 것이지.

그린라운드(Green round)

세계 여러 나라들은 무역을 통해 서로에게 필요한 상품을 얻고 있지? 그런데 이렇게 무역을 할 때 각 나라들은 이익을 최대로 얻으려고 하기 때문에, 다툼이 일어날 수 있어. 그래서 세계 각국의 무역 대표들이 모여 협상을 하지. 최근 이런 협상에서 환경 보호가 중요한 문제로 다뤄지고 있는데, 이 협상의 이름은 '그린라운드'야.

그린라운드의 주된 내용은 국제적으로 합의된 환경 기준을 만들어서 그 기준에 못 미치는 상품에는 더 많은 세금을 물린다는 거야. 예를 들어 A나라에서 만든 텔레비전과 B나라에서 만든 텔레비전이 있는데, A나라 공장에서 국제 기준보다 더 많은 환경 오염 물질이 나왔다고 해봐. 그러면 A나라 텔레비전에 세금을 높게 매겨 더 비싼 가격으로 수출하게 하는 거지. 제품의 가격이 비싸지면, 대부분의 나라들은 같은 품질이면서도 더 싼 가격인 B나라 텔레비전을 수입하게 될 거야. 그러니까 환경 오염 물질이 많이 생기는 물건은 세계 시장에서 잘 팔리지 않게 되고, 따라서 환경을 보호할 수 있게 된다는 원리야.

20. 왜 식량이 부족해질까?

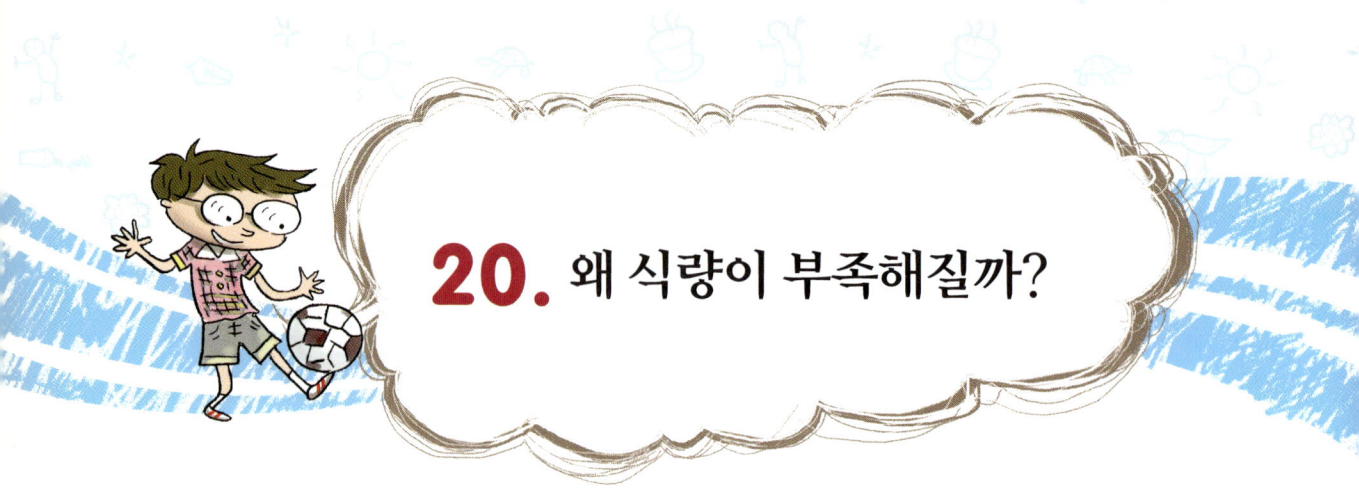

중국 고대 전설에는 신농씨에 대한 이야기가 있어. 이 분은 백성들을 위해 자기가 직접 식물을 먹어 보고, 먹을 수 있는 것과 먹을 수 없는 것을 구별했다고 해. 또 여러 가지 농기구를 발명해서 농사짓는 방법을 가르쳐 주었다고 하지. 그래서 중국 사람들은 이 신농씨를 농업의 신으로 받들고 있어.

전설 속 신농씨가 그랬듯이 우리 선조들도 여러 가지 식물을 먹어 보는 것으로, 식량으로 사용할 수 있는 것과 그렇지 않은 것을 구별했을 거야.

그렇다면 식물 중 우리가 먹을 수 있는 식물은 얼마나 될까? 별로 많지 않을 것 같지? 그런데 그 수를 헤아려 보면 약 8만 종이나 된대. 하지만 인류 역사에서 실제 식량으로 사용한 것은 3,000여 종, 이 가운데 농사를 지었던 것은 150여 종에 불과하다고 하지.

오늘날에는 어떨까? 쌀, 보리, 밀, 옥수수, 콩, 기장, 감자, 사탕수수 등 겨우 20여 종만이 주요 식량 자원으로 사용되고, 그중 3대 작물인 쌀, 밀, 옥수수가 세계 곡물 시장의 80퍼센트를 차지하고 있어. 그러니 어찌 보면 우리는 수많은 식량 자원 중 아주 일부만을 먹는 셈이야.

우리 밀이 노벨 평화상을 받게 했다고?

우리가 좋아하는 빵, 라면, 피자의 공통점은 무엇일까? 바로 밀가루로 만든 음식이라는 거야. 밀가루 음식을 많이 먹으면 건강에 안 좋다는 말도 있지만, 우리나라 사람들은 밀가루 음식을 굉장히 좋아하지. 우리 조상들은 언제부터 밀을 먹었을까?

약 3,000년 전부터 밀농사를 지었다고 해. 우리나라 재래종 밀은 '앉은뱅이 밀'이야. 미국의 농학자인 노먼 볼로그는 이 앉은뱅이 밀의 유전자 개량을 해서 많은 양을 수확할 수 있는 신품종을 만들었어. 이 신품종이 세계에 널리 보급되어 개발 도상국의 식량 문제를 해결했고, 그 공로로 볼로그는 1970년 노벨 평화상을 수상했지.

하지만 이렇게 우수한 품종인 앉은뱅이 밀을 정작 우리나라에서 보기는 힘들어. 1970년대까지만 해도 우리나라 전역에서 널리 재배되었지만, 미국에서 값싼 밀이 들어오면서 점차 줄어들다가 1990년대에는 거의 볼 수

없게 되었지. 오히려 해마다 400만 톤 이상의 밀을 해외에서 수입하고 있는 실정이야.

몇 년 전에는 미국에서 해외에 수출하는 밀가루에 방부제를 뿌리는 사진이 우리나라 신문에 대문짝만 하게 실린 적이 있어. 수입산 밀가루에 방부제를 뿌린다는 것을 알게 된 사람들은 너무 놀랐어. 이 사건으로 우리나라 소비자들이 우리 밀을 찾기 시작하면서부터, 그 후 우리 밀 농사를 다시 짓는 농부들이 조금씩 늘어나게 되었어. 정말 다행이지?

우리나라는 식량 수입국

가끔 텔레비전에서는 먹을 것이 없어 잘 먹지 못해 눈이 퀭하고, 배가 볼록 튀어 나온 아프리카 어린이들을 볼 수 있어. 이런 모습을 보면 너무나 안쓰럽지? 한편으론 우리가 배불리 먹을 수 있다는 것에 감사함을 느낄 거야.

그런데 우리나라도 마냥 안심할 수는 없어. 주식인 쌀을 제외하고

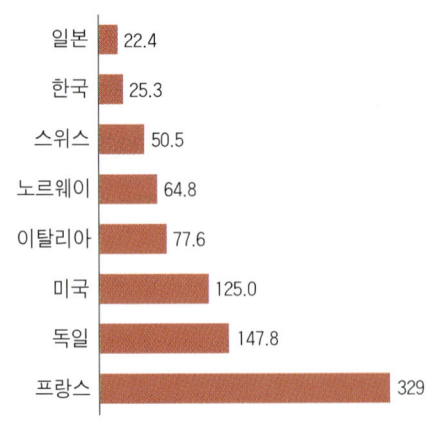

는 대부분의 곡식을 수입하고 있거든. 위 표에서 보듯이 곡물 자급률이 25퍼센트밖에 안 된다는 것은 무척 불안한 일이야.

이전의 전쟁은 무기를 가지고 싸웠지만, 앞으로는 식량 전쟁이 일어날 수도 있어. 외국에서 우리나라에 식량 수출을 못하겠다고 해버리면 우리나라 사람들은 당장 싸우기도 전에 굶어 죽을지도 몰라.

왜 식량이 부족해질까?

사실 식량 부족은 세계적인 위기라고 할 수 있어. 세계에서 소비되는 식량이 생산되는 양보다 많아지고 있거든. 식량으로 먹는 곡식 말고도, 가축의 소비량이 늘어나면서 가축에게 먹이는 사료도 더 많이 필요해졌어. 또 사탕수수나 사탕무와 같은 곡식을 이용해서 연료를 만드는 바이오 연료 산업도 커지고 있지.

이렇게 사람이 직접 먹는 것 외에 다른 목적으로 사용하는 곡식의 양이 늘어나면서 식량 부족은 더 심각해지고 있어. 앞으로는 핵무기를 가진 나라가 아니라 식량 자원을 많이 가진 나라가 강대국이 되는 세상이 올 수도 있다고.

우리나라도 식량 부족의 위협에서 벗어날 수 없어. 우리가 좋아하는 과자나 빵의 가격이 예전보다 많이 올랐지? 원료가 되는 밀가루의 수입 가격이 올랐기 때문이야. 이렇게 밀가루 가격이 계속 오르다간, 과자나 빵이 특별한 날에만 먹어야 할 정도로 비싼 음식이 되어 버릴지도 몰라.

이런 위기 상황을 극복하려면 어떻게 해야 할까? 식량 자급률을 높일 수 있도록 우리나라의 농업을 보호하고, 우리 농산물의 우수한 품종을 보존해 나가야 할 거야.

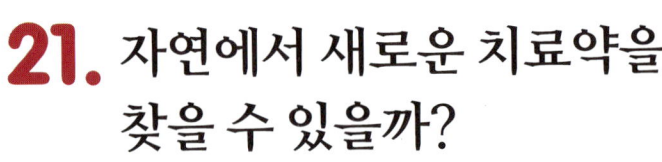

21. 자연에서 새로운 치료약을 찾을 수 있을까?

퀴즈! 방울뱀의 독, 도마뱀의 침, 바다달팽이의 독, 버드나무 껍질. 대체 어디에 쓰이는 것들일까?

뭐? 마법사가 솥단지에 넣어 끓이는 독약 아니냐고? 하하, 아냐. 바로 자연에서 얻을 수 있는 천연 약이야.

옛날 사람들이 사용한 약

고대 이집트 피라미드에서 발견된 파피루스에는 티예레트라고 부르는 식물을 진통제와 염증 치료제로 사용했다는 기록이 있어. 티예레트는 우리말로 버드나무를 말하는데, 버드나무에는 지금도 진통제로 사용되는 아스피린 성분이 들어 있지. 그리고 보면 기원전 3,000년 전부터 사람들은 아스피린을 먹은 셈이야.

이것을 보면 아주 오랜 옛날부터 생물에서 약이나 독 성분을 얻어 온 것을 알 수 있어. 물론 여러 번 시행착오를 거쳤겠지? 하지만 이제는 과학 기술이 발달하면서 천연에서 추출하는 대신 인공으로 합성한 약을 만들 수 있게 되었지. 그 시작이 아스피린이야.

19세기 화학자들은 버드나무 껍질에서 살리실산이라는 성분을 찾아냈어. 이 성분을 화학적으로 합성해 만든 약이 아스피린이지. 드디어 인공으로 약을 만들 수 있게 된 거야. 약 성분의 화학적 구조만 알면 쉽고 값싸게 약을 대량으로 만들 수 있게 되자, 과학자들은 환호성을 질렀어.

화학 합성 약의 부작용

하지만 화학 합성으로 만들어진 약의 인기는 그리 오래가지 않았어. 연구소에서 새로운 약이 개발되면, 시중에 팔리기 전에 까다로운 임상 실험을 거친 뒤 안전하다는 증명을 받아야 하거든.

새 약이 어떤 부작용을 나타낼지 모르기 때문에, 먼저 실험용 쥐나 원숭이 같은 동물에 투약해서 효과를 알아보는 거야. 그 다음 실제 환자들에게 투약해서 부작용이 없는지 확인하고, 오랫동안 엄격한 심사를 거쳐 합격된 다음에야 약국에서 팔릴 수 있지. 이때 신약의 대부분은 검사 도중 탈락되고, 실제 팔리는 약은 극히 일부에 불과하다고 해. 화학 합성으로 만들어진 약은 실험 도중 부작용을 나타내는 경우가 많았기 때문이야.

부작용을 나타낸 약으로 가장 유명한 예는 '탈리도마이드'라는 약이야. 이 약은 임산부들의 입덧 방지용으로 개발되었는데, 개, 고양이, 쥐 등 동물 실험 결과 안전성이 입증되어 1950~1960년대에 많이 팔렸지.

그런데 이 약을 먹은 임산부들이 팔다리가 없는 기형아를 낳게 되어, 세계가 발칵 뒤집어졌어. 알고 보니 이 약은 다른 동물들에게는 부작용이 없었지만, 사람과 원숭이, 토끼에게는 부작용을 일으켰던 거야. 원숭이 실험에는 돈이 많이 들어 실험을 하지 않는 바람에 이런 일이 일어난 거지.

이 비극적인 사건을 겪은 후 사람들은 다시 생물에게서 얻은 천연 약으로 관심을 돌리게 되었어. 천연 약은 화학 합성약보다 부작용이 덜할 뿐 아니라, 효과가 더 뛰어났기 때문이었지.

다시 부활한 천연 약의 인기

앞에서 얘기한 방울뱀 독, 도마뱀 침, 바다달팽이의 독은 세계 유명 제약사에서 연구하는 신약의 재료야. 당뇨병 치료제인 '바이에타'는 미국 남서부의 사막에 사는 '힐라몬스터'라는 도마뱀 침에서 원료를 얻었지.

에잇, 침이라니 더럽다고? 하지만 당뇨병 환자들에게는 꿈에 그리는 치료약인걸. 이 도마뱀은 일 년에 서너 번만 먹이를 먹는데, 먹이를 먹지 않을 때는 에너지를 아껴야 하기 때문에 이자에서 인슐린이 분비되지 않는대. 그러다가 먹이를 먹을 때만 분비하게 한다는 거야. 과학자들은 여기에 힌트를 얻어 도마뱀 침에 이자의 기능을 되살리는 호르몬 성분이 들어 있다는 것을 확인했어. 그리고 그것을 약으로 만들어서 이자의 기능이 망가진 당뇨병 환자들을 치료할 수 있게 했지.

한편 방울뱀의 독은 혈액이 굳는 걸 막는데, 이것을 이용해 혈액 응고를 막는 약인 '바이프리넥스'가 개발되었어. 또 이탈리아의 한 미백 치약은 북극이끼를 주성분으로 해서 만들어졌지. 이처럼 자연은 우리에게 많은 선물을 주고 있어. 그러니 자연을 아끼고 잘 보호해야겠지.

조류 독감 치료제 타미플루

2009년 세계는 신종플루의 공포에 빠졌어. 멕시코에서 시작된 이 병은 전 세계로 퍼져 나가 우리나라에서도 환자가 발생했지. 아직까지 치료제가 개발되지 않았기 때문에 조류독감 치료제인 타미플루를 쓰고 있어. 타미플루는 1996년 미국 제약회사 질리어드에서 재일교포 출신의 화학자인 김정은 박사가 개발했어. 스위스의 제약회사 로슈가 특허권(2016년까지 유효)을 사들여서 독점 생산하고 있지. 그런데 타미플루의 원료는 중국의 토착 식물인 '스타아니스' 열매야. 별 모양의 열매를 수확한 뒤, 10단계 과정을 거쳐 타미플루를 만드는 거지. 로슈는 2008년에만 타미플루로 21억 달러를 벌었다고 해. 생물에서 얻은 신약이 얼마나 큰 가치가 있는지 이제 알겠지?

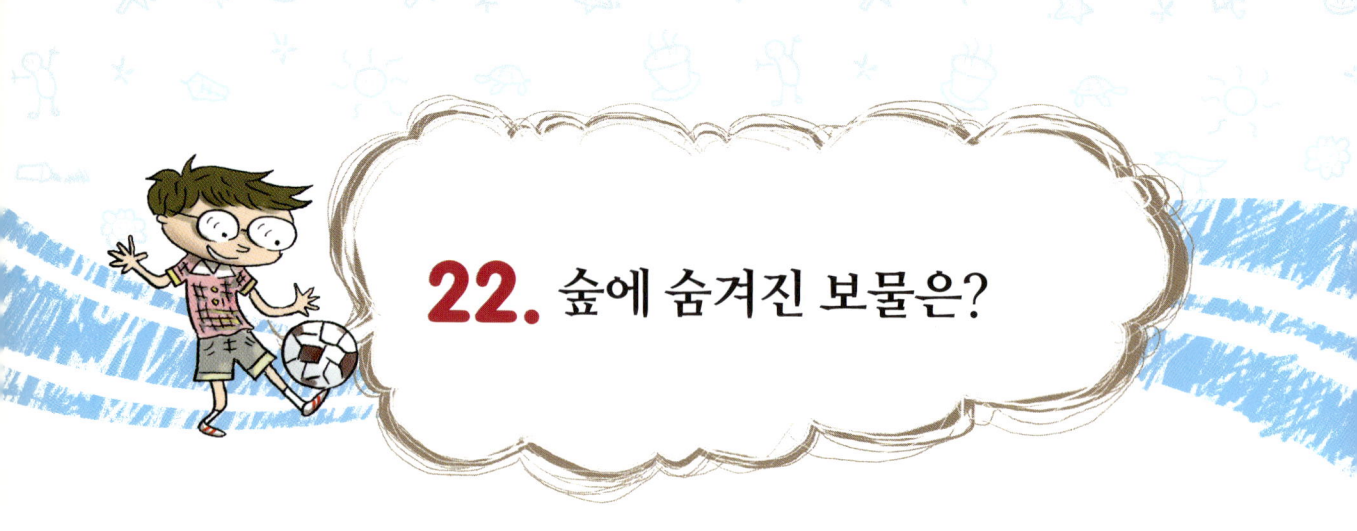

22. 숲에 숨겨진 보물은?

한 소년이 사과나무 밑에서 놀고 있어. 소년은 배가 고프면 사과를 따 먹고, 놀다 지치면 그늘에서 쉬곤 했지. 소년이 자라 청년이 되자, 사과나무 가지를 잘라서 신부와 함께 살 집을 지었어. 세월이 흘러 이번에는 아예 사과나무 줄기를 베어 배를 만들었지. 그러고는 먼 나라로 여행을 다녔어.

그 후 또 세월이 흘러 할아버지가 된 소년은 여태까지 아낌없이 모든 것을 주었던 사과나무의 그루터기에 앉아 조용히 쉬게 되지.

셸 실버스타인의 그림책인 『아낌없이 주는 나무』에 나오는 이야기야. 이 이야기처럼 숲은 우리에게 아무런 대가 없이 많은 것을 주고 있어.

숲은 목재, 열매, 버섯, 옷감의 원료, 종이 등 우리 생활에 필요한 생활용품의 재료가 되고 또 먹을거리를 줘. 게다가 약의 원료를 제공하지. 충치 예방 성분인 자일리톨은 핀란드의 자작나무에서 얻은 것이고, 주목에서 추출해 만든 약인 탁솔은 항암제로 널리 사용되고 있어.

아프리카의 줄루 족은 '케이프 부시윌로우'라는 식물의 독을 추출해서 화살촉과 창끝에 묻혀 사냥이나 전쟁에 사용했어. 미국의 한 제약 회사는 이 성분을 이용해 효과가 뛰어난 항암제를 만들었지.

숲은 거대한 산소 공장이기도 해. 잘 가꾼 숲 1헥타르에서는 12톤이나 되는 산소를 만들어 내지. 이 양은 44명의 사람들이 하루 동안 숨 쉴 수 있는 양이야. 또 이산화탄소 900만 톤, 먼지 3.7만 톤, 이산화황 5.7만 톤을 흡수해서 공기를 깨끗하게 해주지.

숲은 또한 수많은 야생 동물들이 살아가는 서식지를 제공해서, 생물 다양성을 보존해 주고 있어. 또 잘 가꾸어진 숲은 그 자체로 삼림욕장으로 이용되거나, 광릉수목원처럼 생물들도 보존하고 관광 수입도 올릴 수 있는 곳으로 활용되고 있지.

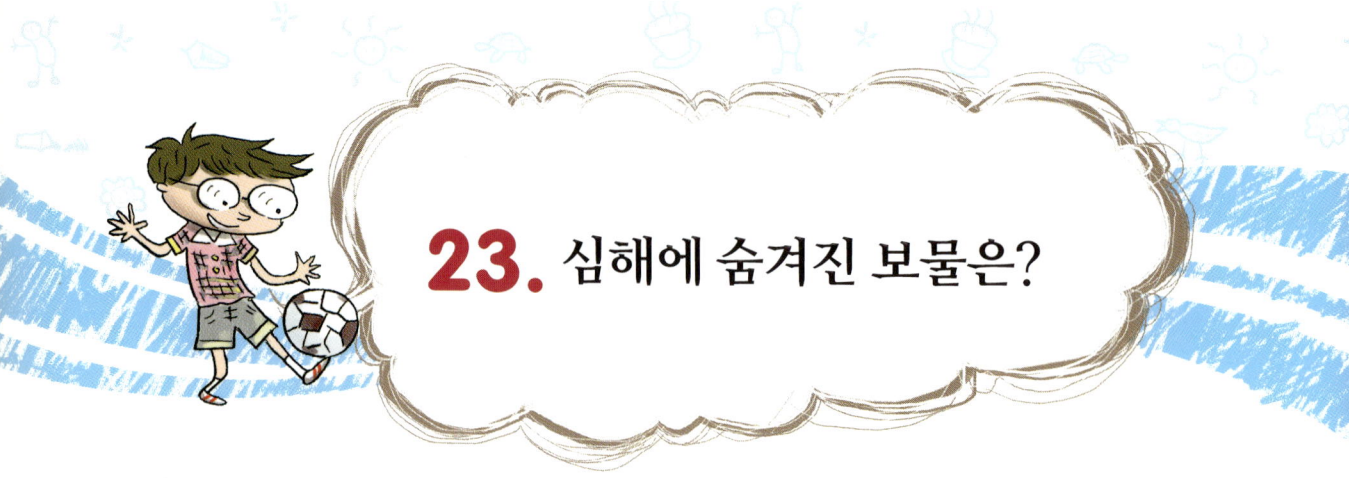

23. 심해에 숨겨진 보물은?

'해적' 하면 무엇이 떠오르니? 검은색 해골 깃발을 단 배와 피터팬의 후크 선장, 〈캐리비안의 해적〉에 나오는 잭 스패로우 선장처럼 악당 해적들이 떠오르는 친구들도 많을 거야. 또 해적들이 숨겨 놓은 보물도 생각나지?

또 어떤 만화 영화에서는 주인공이 해적왕이 남긴 보물을 찾아 여행을 떠나면서 많은 친구들을 사귀기도 하지. 그런데 해적들이 숨긴 보물 말고, 바다에는 어마어마한 보물이 숨어 있다고 해. 과연 무엇일까?

첫 번째 보물, 식량 자원

바다는 어마어마한 식량 공장이야. 해마다 바다에서 얻는 식량의 양은 무려 6,500만 톤이나 된대. 전 세계 사람들이 먹는 동물성 단백질의 6분의 1을 바다가 공급한다고 하지.

신석기 시대에 살았던 원시인들도 도구로 물고기를 잡고, 갯벌의 조개를 먹고살았어. 이런 흔적은 조개 무덤인 패총에 남아 있지.

삼면이 바다로 둘러싸인 우리나라도 바다에서 생선, 게, 낙지, 오징어와 같은 동물을 잡고 있고, 가까운 바다에서는 김, 미역, 굴, 전복 등의 양식도 활발해. 이렇게 바다에서 채집하는 어획량의 70퍼센트는 직접 먹고, 나머지는 어묵, 햄처럼 가공 식품으로 만들어 팔리고 있어.

또 클로렐라와 같은 녹조류들은 영양 성분이 풍부해서 우주 식량이나 건강 보조 식품으로 개발되고 있지.

두 번째 보물, 공업과 의약품의 원료

미역이나 다시마를 만져 보면 끈적끈적한 느낌이 들지? 해조류의 이런 끈끈한 성분은 공업 제품의 원료로 많이 사용돼. 미역, 다시마 같은 갈조류에서 얻은 알긴산과 우뭇가사리 같은 홍조류에서 얻은 한천 성분은 제품을 만들 때 끈적끈적하게 점성을 주거나 촉촉함을 주는 물질로 사용되고, 제품을 크게 부풀리거나 굳히는 물질로 사용되기도 하지.

많은 바다 생물들이 의약품으로도 사용되고 있

어. 화려한 색을 지닌 청자고둥은 맹독을 가지고 있어서 수중 다이버들이 무서워하는 생물이야. 하지만 과학자들은 이 독에 든 '코노톡신'이라는 성분을 이용해서 '프리알트'라는 말기 암 진통제를 개발했지. 이 약은 2005년도에 나오자마자 6개월 만에 6,000만 달러의 매출을 올렸대. 덕분에 청자고둥은 바다의 무법자에서 효자 상품으로 변신을 하게 된 셈이야. 또 해삼이나 해면에서 뽑아낸 물질로는 우수한 성능을 지닌 항균제를 만들 수 있다고 해.

한편 뉴질랜드의 마오리족은 관절이 유난히 튼튼하대. 과학자들이 왜 그런지 알아봤더니 초록입홍합을 주식으로 먹고살기 때문이었어. 그래서 이것을 이용해 관절염 치료제를 만들었다고 해. 이처럼 바다 생물들은 신약 재료로 많이 연구되고 있어. 특히 바다 생물들이 가지고 있는 독 성분은 신약을 만들어 내는 데 중요한 재료가 되고 있지.

그 밖에 바다 생물은 공예품이나 공업 제품으로도 이용돼. 물고기의 비늘, 조개껍데기, 거북의 등껍질 등은 아름다운 공예품을 만드는 데 사용되지. 또 청어의 비늘은 천에 진주광택을 내는 데 사용되고, 산호는 장식용으로 사용되거나 보석으로 가공된다고!

세 번째 보물, 다양한 해양 미생물과 심해 생물

미생물은 눈에 보이지 않을 만큼 작고 간단한 구조로 이루어진 생물이지만, 지구 생물의 60퍼센트를 차지하는 중요한 생물자원이야. 미생물 역시 다양한 분야에 사용되고 있지.

최근 우리나라 연구팀은 남태평양 심해에서 발견된 초고온성 고세균을 이용해 바이오 수소를 만들어 내는 기술을 개발했어. 이 기술을 잘 활용하면 미래의 에너지원에 대한 걱정을 덜 수 있지. 우리나라처럼 천연 자원이 부족한 나라에서는 더욱더 도움이 될 거야. 그 밖에도 미생물은 항생제, 항암제, 백신, 농약, 영양제, 식품 첨가물, 환경 정화제 등 다양한 분야에서 사용되고 있어.

바다의 생물들은 이뿐만이 아니야. 차갑고, 빛도 없고, 높은 압력을 받아 오랫동안 생물이 살 수 없는 곳으로 여겨졌던 심해에도 다양한 생물들이 살고 있지.

실제 잠수정을 내려 보내 조사해 봤더니, 열대 우림에 버금갈 정도로 다양한 생물들이 살고 있었대. 조금만 거리가 떨어져도 전혀 다른 종들이 발견되었고, 좁은 지역에서도 많은 생물들이 살고 있었대.

심해에 살고 있는 생물 수는 수천만~1억 종에 이를 것으로 생각되고 있어. 열대 우림보다도 더 훌륭한 생태계의 보고인 셈이야. 이곳에는 괄태충, 거미불가사리, 끈벌레, 꽈리조개, 뿔조개 같은 다양한 생물들이 살고 있어. 이들은 특이하게 생겼지만, 일반 바다 생물과는 다른 다양한 유전자를 갖고 있어서 신약 개발에 도움이 될 귀중한 자원이 될 수 있다고 해. 바다에는 보물들이 정말 많지?

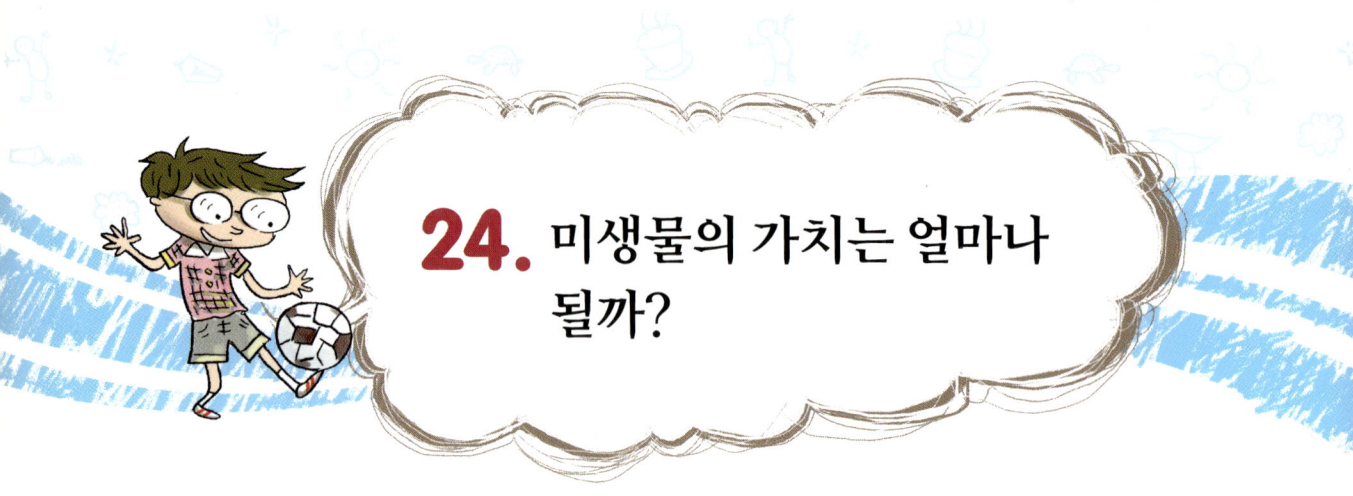

24. 미생물의 가치는 얼마나 될까?

우리 몸에서도, 공기 중에서도, 심해나 화산, 남극과 북극 등 지구 어디든 살고 있는 강인한 생명력을 가진 생물은 무엇일까?

바로 미생물이야. 때로는 우리에게 피해를 주고 때로는 도움을 주기도 하는 미생물을 자원으로 생각하기란 쉽지 않지만, 사실 미생물은 아주 귀중한 생물자원이야. 자원으로서의 미생물의 가치를 한번 알아볼까?

21세기는 미생물의 시대

21세기의 주인공은 미생물이야. 사실 지금도 생태계의 주인은 미생물이라고 할 수 있어. 지구에 존재하는 생물 종 전체의 60퍼센트를 차지하고 있으니까, 종류로 따지자면 세계 1위거든. 더 놀라운 것은 현재까지 발견된 종이 전체 미생물의 약 1퍼센트밖에 되지 않는다는 거야. 정체를 쉽사리 드러내지 않는 녀석들이지.

미생물들은 다양한 분야에 널리 사용되고 있어. 2000년을 기준으로 미생물과 관련된 시장 규모는 무려 152억 달러나 된다고 하지. 세계 여러 나라들은 이렇게 엄청난 미생물의 가치를 알아보고, 새로운 미생물을 찾고 또 미생물을 이용한 새로운 상품을 만드는 데 많은 투자를 하고 있어.

미생물의 종 수

미생물군	현재 종 수	추측 종 수	현재 총 수/추측 종 수(%)
조류	40,000	60,000	67
곰팡이	70,000	1,500,000	4.7
원생생물	30,000	100,000	30
바이러스	5,000	130,000	4
세균(박테리아)	9,300	3,500,000	0.27

우리나라는 미생물 선진국

1980년대까지는 미생물을 분석하는 기술이 발달하지 못했기 때문에 새로 등록되는 미생물의 수가 적었어. 하지만 기술이 발전하면서 해마다 미생물 신종의 등록 수는 계속 늘고 있지. 어느 정도냐 하면 한 해에 600종 이상의 미생물이 발견되고 있어. 이런 속도라면 지구에 살고 있는 미생물들이 다 밝혀질 날도 머지않았다고 할 수 있지.

그럼 우리나라만 따졌을 때는 어떨까? 2000년대 초만 해도 기술력이 부족해서 미생물 발견이 다른 선진국들에 비해 뒤처져 있었지만, 지금은 정부의 지원을 받으며 미생물학자들이 수많은 미생물들을 발견하고 있어. 2005년부터 지금까지 계속 미생물 발견 분야의 세계 1위를 차지하고 있을 정도래. 이제 우리나라는 명실상부한 미생물 발견 선진국이 되었지.

2007년에 새로 발견된 4종 중 1종이 우리나라 과학자들이 발표한 것이고, 세계 10대 미생물 과학자 중 7명이 우리나라 사람이야. 정말 자랑스럽지?

또 하나 반가운 사실은 새로 발견한 미생물 중에 독도에서 발견된 미생물이 35종이나 된다는 거야. 독도가 새로운 미생물들의 보금자리로 떠오른 셈이지. 우리나라 과학자들은 신종 미생물의 이름에 '독도, 한국, 김치, 젓갈, 갯벌, 염전, 동해, 서해, 남해' 등의 이름을 붙여 우리나라를 세계에 널리 알리는 데 기여하기도 했어.

이런 미생물 중 '동해아나 독도엔시스'라는 세균은 최초의 한국 우주인인 이소연씨가 국제우주정거장에 가져가 세포 배양 실험을 해서 더 유명해졌어. 사람들 대부분이 아직 못해 본 우주여행을 이 운 좋은 세균들이 한 셈이야.

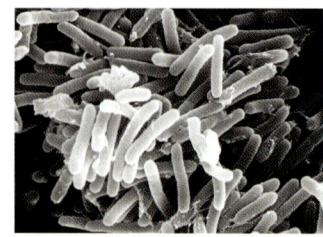 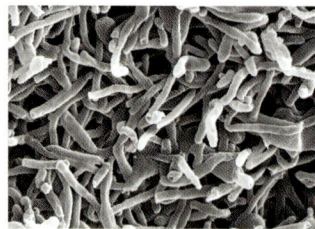 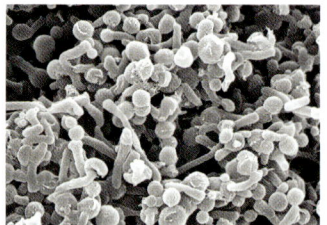

독도넬라 코레엔시스   독도니아 동해엔시스   동해아나 독도엔시스

이렇게 새로운 종을 먼저 발견하는 것은 우리나라가 미생물 분야에서 생물 다양성을 확보하고, 또 그것을 이용한 산업 분야에서 앞으로 좀 더 유리한 위치를 차지할 수 있다는 점에서 매우 기뻐할 일이야.

유전자 조작 기술

미생물의 유전자는 다른 생물들에 비해 간단하기 때문에, 유전자 조작 기술을 이용하면 유용한 물질들을 만들어 낼 수 있어.

예를 들어 식물과 세균은 포도당을 분해해서 그것을 양분으로 사용하잖아. 그런데 어떤 세균은 그 대신 플라스틱 물질을 만들 수 있거든. 이렇게 플라스틱 물질을 만드는 세균의 유전자를 뽑아내어 나무 세포에 심는 거야. 그러면 이 유전자는 나무 세포 속으로 파고들어 자라고, 다 자란 나무의 잎과 줄기는 플라스틱의 재료가 되는 거지. 또 특별한 과정을 거쳐 나무 가루가 플라스틱으로 변하는 마법 같은 일이 일어날 수도 있어.

이 플라스틱의 장점은 일반 플라스틱과 성질이 거의 같으면서도 썩는다는 거야. 그래서 환경 문제를 해결하는 데 큰 도움을 줄 수 있지.

미생물은 농약 사용 때문에 토양이나 지하수를 비롯한 생태계가 오염되는 것을 막을 수도 있어. 해충을 죽일 수 있는 미생물의 유전자를 식물에 직접 넣어 주어 농약 사용을 줄일 수 있거든. 또 오염 물질을 잘 분해하는 미생물을 이용하면 환경 오염 물질을 줄일 수 있지.

또 미생물을 이용해 인슐린을 대량 생산해서 당뇨병 환자의 치료비용을 줄일 수도 있어. 인슐린을 만드는 유전자만 뽑아내어 대장균에 넣으면, 짧은 시간 동안 빠르게 번식해서 충분한 양의 인슐린을 만들어 낼 수 있지. 우리도 작다고 무시하지 말고 미생물에게 관심을 가지자고.

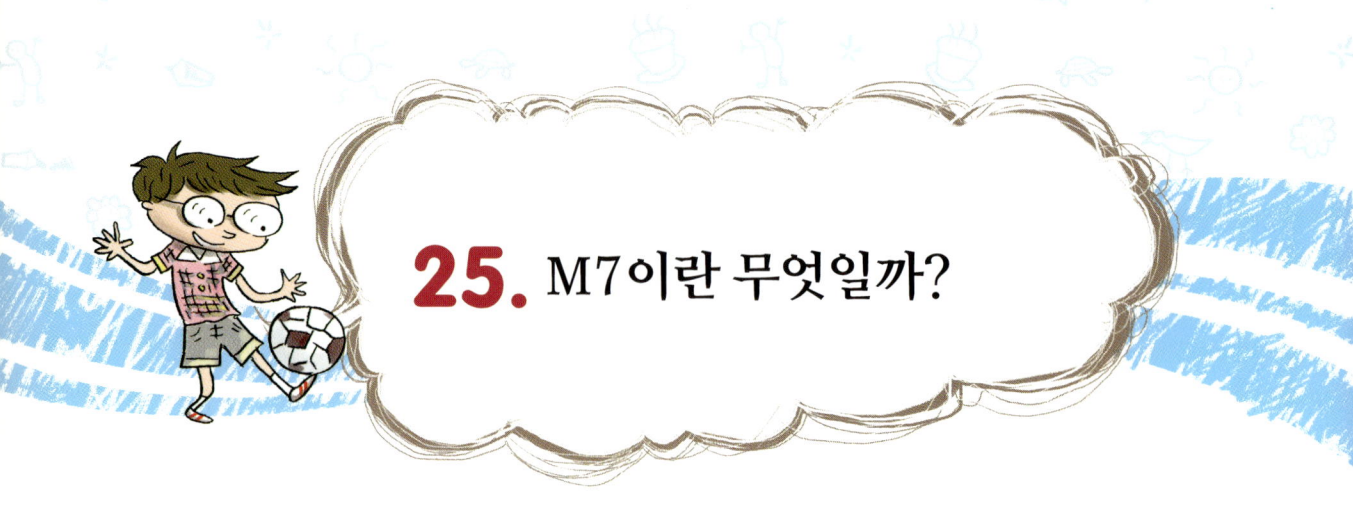

25. M7이란 무엇일까?

요즘 한창 뜨고 있는 M7을 알고 있니? 뭐? '꽃보다 남자'의 F4는 알아도 M7은 모르겠다고? 하하, M7에 대해서도 자세히 파헤쳐 보자고, 팍팍!

생물 다양성이 풍부한 7개 나라

사실 M7보다 더 유명한 나라들은 G7이야. G7은 가장 부유한 선진국인 독일, 미국, 영국, 이탈리아, 일본, 캐나다, 프랑스를 가리키는 거지.

그런데 생물 다양성이 풍부한 나라들이 모여 '우리도 G7처럼 멋있는 이름을 붙여 보자'라고 해서 만들어진 것이 M7 국가야. G7 국가는 세계 부의 54퍼센트를, M7 국가는 세계 생물자원의 54퍼센트를 차지하고 있으니 아무 데도 속하지 못하는 우리나라를 생각하면 속이 상하지.

사실 생물 다양성의 중요성을 먼저 깨달은 곳은 선진국들이야. 그래서 선진국들은 자기 나라의 생물자원을 챙김과 동시에, M7국가의 생물자원을 이용할 수 있도록 국가 간 협약을 맺는 데도 열심이지. 하지만 M7 국가들도 그냥 놀고 있지만은 않아. 과거에는 무작정 생물자원을 채취해 돈을 벌었지만, 지금은 생태계 보전 사업을 통해 생물들을 보호하고 있거든.

그 대표적인 나라가 바로 오스트레일리아야. 오스트레일리아는 성경에 나오는 낙원 이름인 에덴을 붙인 '에덴 프로젝트'를 추진하고 있어. 멸종 위기의 생물들을 보호하기 위해 특정 지역이나 섬 전체를 자연 보호 지역으로 지정해 생물들을 기르고 있지.

이 지역은 울타리를 둘러서 다른 생물들이 출입하지 못하게 하고, 멸종 위기종의 천적들을 독극물을 이용해 모두 죽인 뒤 생물들을 안전하게 기르고 있어. 천적들에게는 너무 잔인한 일이지만, 이 프로젝트 시작 후 멸종 위기종이었던 생물의 수가 10배 이상 늘었다고 해.

또 코스타리카는 전 국토의 3분의 1 이상을 국립 공원으로 지정할 만큼 생태계 사랑이 뛰어난 나라야. 세계 생물자원의 6퍼센트가 이곳에 있지. 생물자원이 빈약한 우리나라는 2006년 코스타리카 정부와 협약을 통해 '한·코스타리카 생물 다양성 연구소'를 지었어. 코스타리카의 다양한 생물들을 연구하고 생물자원을 확보할 수 있는 기회를 마련한 거야. 두 나라 사이에 협력이 잘 되어 좋은 연구 성과를 얻을 수 있으면 좋겠지!

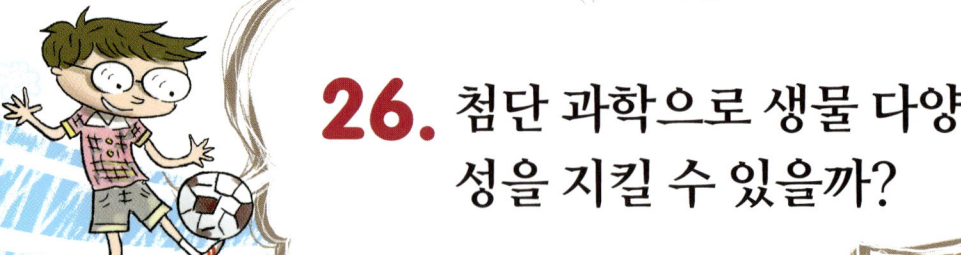

26. 첨단 과학으로 생물 다양성을 지킬 수 있을까?

 지금 세계는 소리 없는 전쟁 중이야. 어떤 전쟁이냐고? 생물자원을 둘러싸고 벌이는 전쟁이지. 그렇다면 우리나라는 얼마나 준비가 잘 되어 있을까?

 실제 전쟁에 빗대어 보면, 선진국들이 최신의 첨단 무기를 갖고 잘 훈련된 수많은 군사들이 있는데 비해, 우리나라는 제대로 훈련도 받지 못하고 낡은 총으로 무장한 군인들밖에 없는 수준이야. 이래서야 제대로 된 싸움이 안 되겠지. 외국과 우리나라의 생물 다양성 보전 현황은 어떨까?

외국과 우리나라의 현황 비교

 식물을 예로 들어 볼까? 미국은 정부에서 직접 식물 자원을 관리해. 현재 48만 종의 식물 자원을 데이터베이스로 저장하여 관리하고 있지. 그리고 중국은 38만 종, 인도는 34만 종, 러시아는 32만 종, 일본은 27만 5천 종의 식물을 보존하고 있어. 그에 비해 한국은 18만 종의 식물 정보만 가지고 있지.

 이렇게 생물을 보존하는 규모에도 큰 차이가 있지만, 그것을 관리하고 연구하는 인력도 선진국에 비해 부족한 편이야. 생물자원을 관리하기 위해서는 기초 과학을 전공한 연구자들이 많이 필요하거든. 생물들이 발견되고 제대로 분류된 다음에야, 응용 생물 분야의 과학자들이 그 생물의 유전자를 파악하거나 산업적으로 이용할 수 있는 방법을 찾게 되지.

하지만 분류학은 최신 생명 공학 분야에 밀려 공부하는 사람이 매우 적기 때문에 제대로 된 연구를 하기가 쉽지 않아. 집을 지을 때 바닥을 잘 다진 후에 기둥을 세워 집을 지어야 하는데, 바닥이 부실하면 집이 금방 무너지겠지? 지금 우리나라의 생물 분야가 그런 상황에 처해 있어. 집을 지을 재료는 넘쳐나는데 바닥을 다지는 기술자들이 부족한 실정이지.

한 가지 다행인 것은 국가 생물자원을 관리하는 기관인 '국립생물자원관'이 2007년 10월에 개관했다는 거야. 이곳에서는 우리나라의 고유 생물 표본을 수집, 전시하고 생물자원에 대한 활발한 연구 활동이 이루어지고 있지.

국립생물자원관

이곳 전시동에서는 우리나라 생태계를 재현해서 다양한 우리나라 동식물들을 보여 주고, 관람객들이 직접 체험할 수 있는 공간을 마련해 주고 있어. 이곳을 견학하면서 생물자원이 우리에게 얼마나 소중한지, 생물 종의 보존이 얼마나 중요한지도 새삼 느낄 수 있지.

인터넷을 통한 사이버 관람도 할 수 있으니까 관심 있는 친구들은 홈페이지(http://www.nibr.go.kr)를 방문하거나, 직접 견학을 가보도록 해. 생물 다양성에 대해 많은 것을 배울 수 있을 거야.

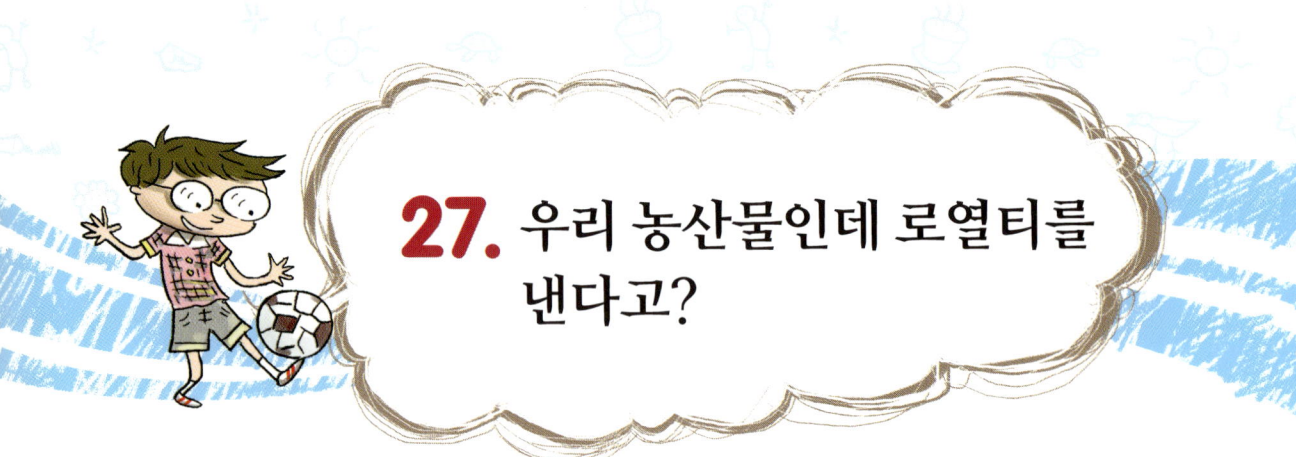

27. 우리 농산물인데 로열티를 낸다고?

『그리스 로마 신화』라는 만화책을 본 적 있니? 이 책은 지금까지 천만 부가 넘게 팔린 베스트셀러야. 이 책의 만화를 그린 작가는 지금까지 인세로만 수십 억 원 이상을 받았대. 일반 사람으로서는 상상도 할 수 없는 돈이지. 인세란 책이 한 권 팔릴 때마다 작가에게 지급되는 돈을 말해. 『해리 포터』 시리즈를 쓴 조앤 K. 롤링도 이 책 하나로, 하루의 끼니를 걱정하던 무명작가에서 세계적인 재벌이 될 수 있었지.

이와 비슷하게, 개인이 만든 물건이나 특허를 낸 기술은 다른 사람들이 사거나 이용할 때 얼마의 돈을 내도록 되어 있어. 이런 돈을 '로열티'라고 해. 로열티는 종류에 따라 다르지만 몇십 년 이상 그 권리를 행사할 수 있지.

생물 소재가 뭐야?

어떤 과학자가 신약을 만들 수 있는 획기적인 연구 방법을 알고 있어도 그것을 만들 생물 소재가 없으면 연구를 할 수 없을 거야. 이때 생물 소재는 인체의 조직에서부터 식물의 씨앗, 미생물, 세포, 유전자 등 생물을 이루는 부분이라면 거의 모든 것이 될 수 있어.

이런 생물 소재도 먼저 발견하는 사람이 로열티를 받을 수 있어. 만일 내가 새로운 식물 종을 발견했을 때 식물, 식물 세포, 식물 유전자를 각각 내 이름으로 등록하면, 나중에 다른 사람들이 이 식물을 이용해 연구를 하려고 할 때 나에게 돈을 지불해야만 쓸 수 있다는 거야. 즉 새로운 생물 종만 발견해 등록해도 부자가 될 수 있지.

하지만 외국에 비해 우리나라는 이런 생물 소재의 발굴과 등록에 관심이 없어. 그래서 다른 나라에 비해 생물자원 수가 적은 것은 아닌데도, 실제 등록되어 있는 생물 소재는 많지 않다고 해.

생물 소재를 발굴하고 등록하는 일은 매우 중요해. 예를 들어 품질의 우수성이 널리 알려진 한우의 유전자를 우리가 등록하지 않고 다른 나라에서 먼저 등록해 버렸다면, 한우 대신 미국소라고 이름이 붙을 수도 있고 한우를 키울 때에도 외국에 비싼 로열티를 줘야 할 수도 있어.

외국으로 빠져 나가는 농작물 로열티

우리가 좋아하는 과일인 토마토, 딸기, 키위, 사과 등을 많이 먹으면 농부들이 좋겠지? 하지만 농부들은 기쁘지 않을 수도 있어. 왜냐하면 외국에 로열티로 빠져 나가는 돈이 더 많아지거든.

Ⅲ 생물 다양성과 생물자원

예를 들어 2003년도의 우리나라 딸기 생산액은 60억 원이었는데 외국에 지불한 로열티는 26억 원이나 되었다고 해. 판매 금액의 절반가량이 외국으로 빠져나간 셈이지. 재주는 곰이 부리고, 돈은 사람이 챙기는 셈이 되어 버렸어.

이런 결과가 나타난 것은 우리나라에서 키우는 대부분의 작물들이 외국산 품종이기 때문이야. 우리나라는 2002년 '국제신품종보호동맹'에 가입해 종자를 수입하는 나라에 돈을 지불하고 있어. 종자 사용료의 권리는 약 20년이기 때문에 외국산 종자를 쓸 경우 20년간 돈이 나가게 돼.

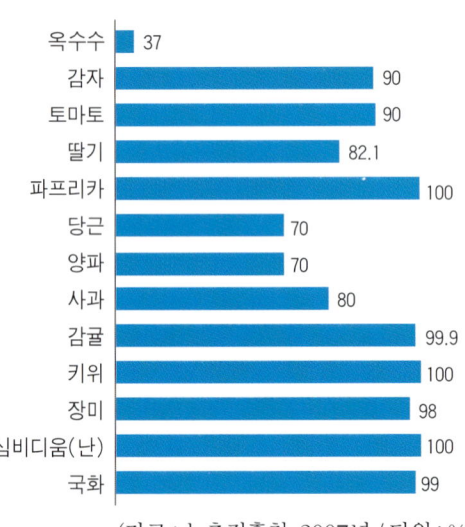

(자료 : 농촌진흥청, 2007년 / 단위 : %)

이 돈은 해마다 늘어나, 2006년 우리나라는 총 123억 원의 종자 사용료를 외국에 지불했어. 더구나 2012년부터는 모든 농작물을 대상으로 종자 사용료를 줘야 하기 때문에 지금보다 지불해야 할 돈이 더 늘어나게 될 거래.

그렇다면 농민들 개개인의 부담은 얼마나 될까? 예를 들어 토마토의 90퍼센트는 일본산, 10퍼센트는 유럽산 종자를 쓰고 있어. 토마토를 재배하는 농부의 말을 들어 보면, 1,000개 들이 일본산 종자 한 봉지 값이 8만 원이라고 해. 낱알 한 개가 80원 꼴인 셈이지.

80원이 뭐가 비싸냐고 할지 모르지만, 비닐하우스 10개 정도 규모에 토

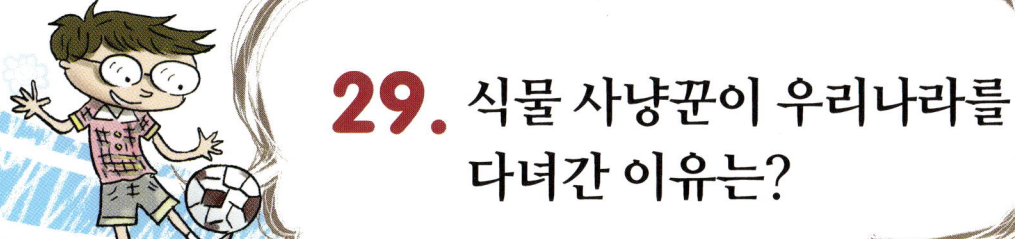

29. 식물 사냥꾼이 우리나라를 다녀간 이유는?

 고려 말, 원나라에서 귀양살이를 하던 문익점은 가난한 농민들도 따뜻한 솜옷을 입고 있는 것을 보고 깜짝 놀랐어. 당시 우리나라는 돈이 많은 사람들은 모시나 비단옷을 입었지만, 가난한 백성들은 얇고 거친 삼베옷으로 추운 겨울을 나고 있었거든.

 문익점은 이 솜옷을 만든 재료가 목화라는 식물이라는 걸 알게 됐지만, 쉽게 구할 수는 없었어. 당시 원나라 조정에서는 목화를 나라 밖으로 가져가는 것을 엄격히 막고 있었거든. 귀양에서 풀려난 뒤 문익점은 몰래 목화씨를 몇 개 구해 붓두껍에 숨겨 귀국했는데 다행히 들키지 않고 무사

토종을 보유한 나라도 이익금을 받을 수 있어. 우리나라 자생 식물 4,000종의 몸값은 1조 2천억 원이나 된다고 해. 한 종이 의약품으로 개발될 경우, 450만 배의 부가가치가 생긴다고 하지.

작물별		보존 자원 수	한국 국내 자원	한국 재래종
식량 작물	벼	27,027	5,366	1,020
	맥류	48,429	8,876	4,641
	두류	29,228	16,357	12,044
	잡곡	12,591	5,918	5,552
	소계	117,275	36,517	23,257
원예 작물		14,984	3,294	2,380
특용 작물		18,617	8,116	5,231
기타 작물		3,819	1,239	361
계		154,695	49,166	31,229

국립농업유전자원센터의 식물 종자 보유 현황(2008년 1월)

마지막으로 토종 생물은 생태계를 보호하는 데 기여해. 토종 생물이 많이 산다는 것은 그 지역의 생물 다양성이 잘 보존되어 있다는 것과 같거든. 또 환경 적응 능력이 뛰어난 토종 자원은 파괴된 생태계를 복원하는 데 도움을 줄 수 있지.

우리나라로 돌아오는 토종들

일제 강점기와 한국 전쟁을 겪으면서 우리나라의 많은 토종 종자가 일본이나 미국 등으로 빠져나간 적이 있어. 현재 우리나라 토종 종자 품종이 미국에만 6,000여 종, 일본에 3,000종이 있다고 하지.

우리나라는 토종 종자를 가져간 외국에 끊임없이 반환을 요구해서, 2008년 미국으로부터는 목화, 마늘, 부추, 귀리, 들깨 등 토종 식물 34개 작물과 1,679점의 종자를 반환받았고, 일본으로부터는 32개 작물, 1,546점의 종자를 돌려받았어.

이들 중에는 이미 남한에서 사라진 품종들이 포함되어 있어서, 귀중한 식량 자원이 될 수 있을 것으로 평가되고 있어. 이렇게 반환된 종자는 잘 키워서 신품종을 개발하거나 기능성 물질을 추출하는 데 사용되고 있지.

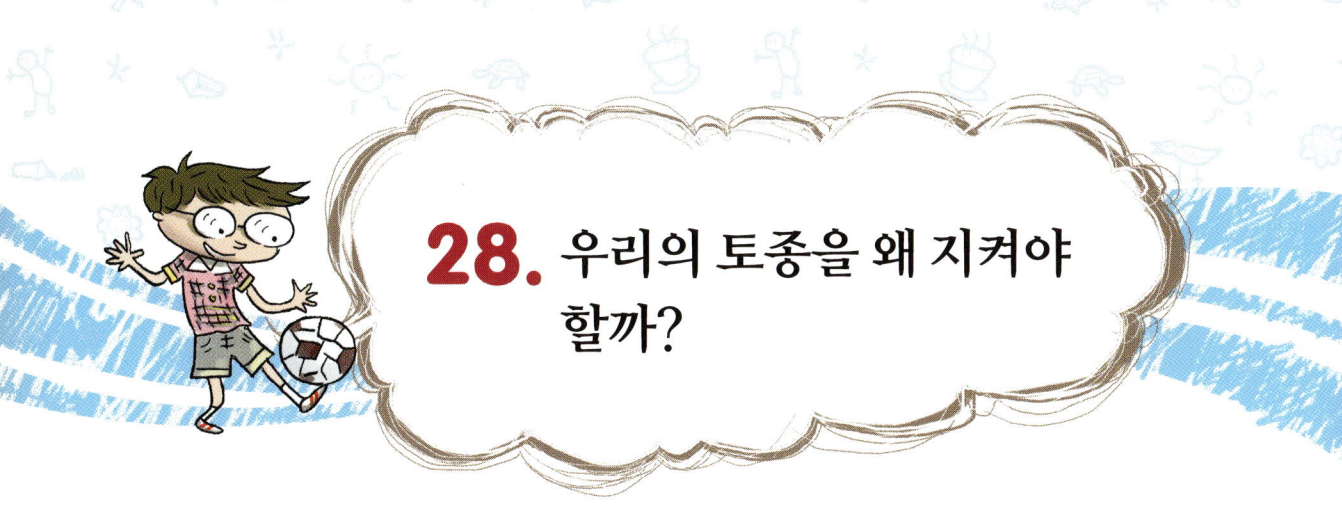

28. 우리의 토종을 왜 지켜야 할까?

토종의 좋은 점은?

'신토불이(身土不二)'란 말 들어 봤지? 몸과 땅은 둘이 아니다, 즉 자기가 사는 땅에서 난 것을 먹어야 몸에 잘 맞는다는 뜻이야. 우리는 이 간단한 진리를 그동안 깨닫지 못했지.

그런데 수입산 밀에 밀려 명맥을 잃어 가던 우리 밀이 밀가루 수입 가격이 폭등하자 새삼 주목을 받았어. 먼 곳에서 싣고 오느라 방부제를 많이 뿌리는 수입산 밀에 비해, 우리 밀은 무공해 곡식이라는 이점도 있지. 이렇듯 세계 식량 위기 속에서 토종의 중요성은 더욱 커지고 있어.

보통 토종 식물이라고 하면 우리가 사는 지역의 환경에 오랫동안 적응해오면서 토착화된 자생 식물을 말해. 이런 토종 자원이 중요한 이유는 다음의 세 가지로 말할 수 있어.

첫째, 토종 생물을 보존하면 우리나라에 환경 적응 능력이 뛰어난 우수한 형질의 유전자원을 보존할 수 있어.

둘째, 토종 품종을 보존해서 새로운 품종을 개발하거나 신물질을 개발하는 원료로 사용할 수 있지. 또한 토종을 이용해 신품종을 개발했을 때,

마토 농사를 지으려면 종자 값만 160만 원이 든다고 해. 외국 토마토 종자 값이 비싸지만, 토마토의 맛과 품질이 좋기 때문에 울며 겨자 먹기로 쓰지 않을 수가 없대. 더구나 1990년대 후반 외환 위기를 맞아 국내 5대 종자 회사 중 3개가 외국 기업으로 넘어가면서 외국 기업과의 경쟁력이 더 떨어져 버린 상태야.

• **국제신품종보호동맹(UPOV)**
1961년에 유럽의 프랑스, 독일, 영국, 네덜란드가 중심이 되어 식물 품종 육성자의 권리를 보호하자는 목적에서 시작된 것이 이후 국제 협약으로 발족되었고, 오늘날에는 62개 국가가 회원국으로 가입되어 있다. 우리나라는 2002년 1월에 제50번째 회원국으로 가입했다.

로열티로 나가는 돈을 줄이려면?

그나마 다행인 건 최근 들어 국내 종자 회사들의 시장 점유율이 50퍼센트로 회복되었다는 거야. 외환 위기 당시에 외국 회사들이 시장의 80퍼센트 정도를 차지했던 것을 생각한다면 긍정적인 변화라고 할 수 있지.

또한 국내 종자 회사에서는 새로운 종자 개발에 많은 투자를 하고 있어. 농부들도 우리 토종 씨앗을 심어 번식시키는 방법을 연구하고 있다고 해. 또 토마토나 딸기 같은 종류는 국산 종자가 거의 없지만, 고추나 배추 등 우리 고유의 농작물은 아직까지 강세를 보이고 있어서 한줄기 희망이 되고 있지.

히 국경을 넘을 수 있었지.

  고향으로 돌아온 문익점은 장인과 함께 목화씨를 나누어 심었어. 하지만 기후도 다르고, 정확한 재배 방법도 모른 채 키웠기 때문에 가져 온 씨앗 중 단 한 개만 열매를 맺었지. 이 열매에서 얻은 씨를 계속 심어서, 4년 후에는 온 동네 사람들이 목화를 심을 수 있을 정도로 많은 씨를 수확할 수 있었어.

  그 후 홍원이라는 중국 승려가 베 짜는 기술을 알려 줘서 10여 년이 지난 다음에는 전국 방방곡곡의 백성들이 따뜻한 무명옷을 입고 겨울을 날 수 있었다고 해. 문익점의 후손들은 베 짜는 기술을 더욱 발전시켜 나갔어. 손자인 문래는 솜을 자아서 실을 만드는 기계를 만들어 널리 보급했는데, 이 사람의 이름을 따서 그 기계를 '물레'라고 부르게 되었대.

  이 이야기에서 우리는 문익점이 백성을 사랑했던 마음을 알 수 있지만, 다른 한편으로 옛날 사람들도 자기 나라 식물들의 귀중함을 알고 있었고 해외로 나가지 않도록 단속을 철저히 했다는 것도 알 수 있어.

눈 뜨고 빼앗긴 우리 식물들

  초여름이 되면 은보랏빛 작은 꽃들을 활짝 피워 향기를 널리 퍼뜨리는 라일락, 그중에서도 '미스김라일락'은 세계에서 사랑받는 정원수로 미국 라일락 시장의 30퍼센트를 차지한다고 해. 우리나라에서도 비싼 로열티를 주고 수입하고 있지. 그런데 이름에서 알 수 있듯이 사실은 우리나라 토종 식물이야. 어쩌다 비싼 돈을 주고 수입하게 되었을까?

  미스김라일락의 우리나라 이름은 '수수꽃다리(털개회나무)'야. 이 이름은 꽃봉오리가 수수를 닮고, 여자들이 머리숱을 많아 보이게 가발을 넣은 것처럼 길게 늘어진 모습을 하고 있다고 해서 붙은 이름이야.

이 나무는 우리나라 북한산이 고향인데 1947년 미군정청에서 일하던 엘윈 미더라는 사람이 북한산 바위틈에서 자라는 털개회나무 씨앗을 미국으로 가져가 키운 후, 관상용 정원수로 돈을 받고 팔았대. 그리고 그 당시 자신을 열심히 도와줬던 한국인 김씨의 성을 따서 '미스김라일락'이라는 이름을 붙였지. 미스김라일락은 라일락에 비해 키가 작고 가지 모양이 일정하게 나서 모양을 다듬기가 좋고, 추위에 강하고 향이 널리 퍼져 사람들에게 인기가 좋아.

또 '홍도비비추'라고 불리는 우리 토종 식물은 1980년대 우리나라를 찾아온 미국 식물학자들이 흑산도, 홍도 등을 다니면서 무단으로 채집한 후 '잉거비비추'라는 이상한 학명을 붙여 자기네 종으로 삼아 버렸어. 크리스마스트리 장식으로 많이 사용되는 구상나무도 제주도 한라산에 자생하는 식물이지만, 역시 20세기 초 유럽으로 유출되었지.

구상나무

왜 이렇게 많은 식물들을 빼앗겼을까?

우리나라는 일제 강점기와 한국 전쟁을 거치는 동안 토종 식물들에게 관심을 가질 만한 여유가 없었을 뿐만 아니라, 토종 식물의 가치에 대해서도 잘 몰랐어. 이렇게 나라가 어지러운 틈을 타 일본과 미국 식물학자들이 수많은 종류의 식물을 자기네 나라로 가져갔지.

우리나라 식물을 해외에서 많이 선호하는 이유는 무엇일까? 우리나라는 사계절이 뚜렷한데다 산성 토양을 지니고 있어서, 식물들의 생명력이 강하고 유전 형질도 다양하다고 해. 또 식물 종도 다른 나라들에 비해 다양하기 때문에, 해외의 원예업자들이 우리나라 식물에 많은 관심을 가지고 있지.

예를 들어 우리나라의 나리(백합) 종류는 13종이나 되지만, 유럽의 백합은 고작 2~3종밖에 안 된대. 그래서 네덜란드의 원예업자들은 우리나라의 나리를 가져다가 다양한 품종으로 만들어 비싼 값을 받으며 팔고 있어. 정작 우리나라에서는 멸종 위기에 처해 있는데 말이야.

다행히 지금은 정부에서도 토종 식물의 소중함을 깨닫고, 농업용 씨앗을 정부의 허락 없이 해외로 가져가지 못하게 하는 법안이 마련되었다고 해.

생물 해적 노릇을 한 선진국

유럽은 아시아나 아프리카에 비해 식물의 종 수가 적은 편이야. 19세기경 영국, 네덜란드, 미국 등에서는 정원 가꾸기가 한창 유행이었는데, 순수하게 식물을 연구하려는 사람, 돈을 벌려고 하는 사람 등 다양한 목적을 가진 사람들이 아시아와 아프리카 지역을 탐사하며 식물을 마구 채집했다고 해.

그 결과 유럽은 수천 종의 새로운 식물들을 얻을 수 있었고, 토종 식물의 가치를 알게 된 각국의 정부는 조직적으로 식물을 빼앗기 시작했어. 20세기 초 영국은 브라질에서 훔쳐 온 고무나무를 식민지에서 대량으로 재배하여 많은 돈을 벌었지. 그래서 이렇게 식물을 빼앗긴 나라에서는 이런 나라들은 생물 해적이라고 부르며 비난하고 있어.

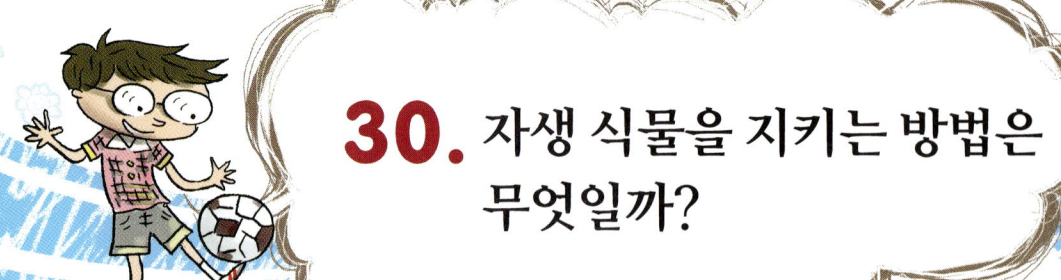

30. 자생 식물을 지키는 방법은 무엇일까?

자생 식물, 특산 식물, 외래 식물, 귀화 식물 등 도대체 이 많은 식물들의 종류는 어떻게 구별하는 걸까?

예로부터 우리나라에서 자라온 식물을 자생 식물, 그중 특정 지역에서만 한정되어 자라는 식물을 특산 식물, 외국에서 들여온 식물을 외래 식물, 외래 식물 중 우리나라에 정착해서 자라게 된 것을 귀화 식물이라고 해.

그럼 우리나라에 살고 있는 자생 식물의 종류는 얼마나 될까?

우리나라 자생 식물의 현황

우리나라의 경우 열대 지역의 생물 다양성에는 미치지 못하지만, 사계절이 뚜렷한 온대 기후와 남북으로 긴 위도 차이, 동쪽이 높고 서쪽이 낮은 지형, 삼면이 바다로 둘러싸인 환경 등 다양한 환경 조건 때문에 많은 식물들이 살고 있어. 우리나라에서 자라는 자생 식물의 종류는 대략 4,000종가량 된다고 해.

그중 특산 식물은 10퍼센트가량인 400여 종이야. 자생 식물은 우리나라에서 오랫동안 자라왔기 때문에 우리 자연 환경에 가장 잘 적응되었지.

하지만 최근 들어 아까시나무, 개망초, 돼지풀 같은 귀화 식물의 공격에 밀려 점점 서식지가 좁아지고 있어.

한편 강원도 평창 지역에 사는 연잎꿩의다리, 강원도 동강 근처에 사는 동강할미꽃 등 특정 지역에 사는 특산 식물들은 다른 곳에 옮겨 심어도 잘 자라지만, 자연적으로 자라는 곳은 그 지역밖에 없는 귀중한 식물이야.

동강할미꽃

자생 식물을 보호하려면?

우리나라의 산과 들에서 흔히 볼 수 있는 자생 식물들은 단순한 잡초로 여겨지기 쉽지만, 그 어떤 문화재보다도 중요한 가치를 가지고 있어. 관상용, 식용, 건강 보조 식품, 약용, 염료, 공업용 등 다양한 분야에서 사용될 수 있고, 품종 개량에 사용되기도 하지.

특히 품종 개량의 경우 이미 개량을 거친 식물은 연구 대상으로 쓰기에 알맞지 않고 야생 상태의 자생 식물만 쓸 수 있어. 문제는 우리가 자생 식물들을 단순한 잡초로 생각하고 없애 버린다는 거야. 마을 주민들이 산나물이나 과일 등을 따러 가서 밟기도 하고, 정부 기관에서 숲 가꾸기 사업을 할 때 마구잡이로 파괴되기도 해.

그렇다면 우리는 어떻게 해야 할까? 간단하게는 산이나 들에 나가 마음대로 식물을 훼손하지 않는 거야. 최근에는 한국자생식물원에서 멸종 위기에 놓인 깽깽이풀, 개느삼, 백부자 같은 야생 식물 15종을 인공적으로 키우는 데 성공했다고 해. 소중한 우리 식물 자원을 잘 보호하자고.

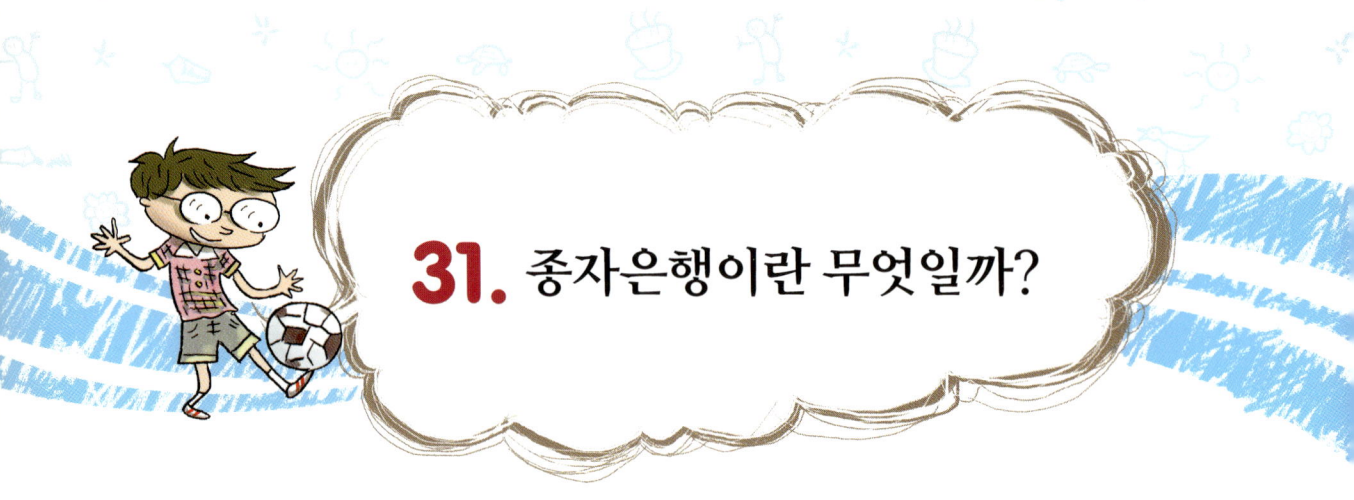

31. 종자은행이란 무엇일까?

은행은 돈이나 귀중품을 안전하게 맡기는 곳이야. 그런데 은행 중에서 식물의 씨앗을 맡기는 은행도 있다고 해. 바로 종자은행이야.

처음 들어 본다고? 그래, 잘 알려지진 않았지만 이미 종자은행은 세계에 2,000여 곳이나 있는 대중화된 은행인걸! 그런데 종자은행은 왜 필요한 걸까?

종자의 장점은?

우리가 흔히 씨라고 부르는 종자는 환경이 알맞을 때까지 싹트지 않은 채 휴면 상태를 유지할 수 있어. 마치 동물이 겨울잠을 자는 것처럼 말이야. 실제로 연꽃 씨는 천 년이 지난 후에도 싹을 틔울 수 있다고 해. 과학자들은 이런 종자의 특성에 힌트를 얻어 종자은행을 만들었어.

종자의 좋은 점은 다 자란 식물을 보관하는 것보다 적은 공간을 차지한다는 거야. 작은 유리병 하나에 난초 씨를 백만 개나 보관할 수 있지. 종자에 특수 처리를 하면 자연 상태보다 훨씬 오랫동안 보관할 수 있어.

그럼 종자은행에 종자를 보관하기 위해서는 어떤 과정을 거쳐야 할까?

간단하게 정리하면 건조와 냉동이야. 수집한 종자의 이물질이나 세균을 털어 낸 다음, 두 번의 건조 과정을 거치지. 이때 사용되는 건조실은 사막보다도 습도가 낮은 상태로, 종자들이 이곳을 거치면 수분이 5퍼센트 아래로 떨어지게 돼. 이렇게 종자를 건조시켜야 냉동해도 손상을 입지 않고 싹트는 능력도 잃지 않거든.

그리고 종자를 저장하기 전에 엑스선으로 촬영해서 벌레가 먹지 않았는지 등의 상태를 확인해. 마지막으로 종자를 밀폐된 유리 용기에 담아 영하 20도로 유지되는 냉동고에 저장하지.

이걸로 끝이 아니야. 10년마다 표본들을 해동시켜 싹이 트는지 알아본 다음, 싹이 트지 않을 경우에는 다시 그 식물의 종자를 수집해서 보관한다고 해. 실제로 영국의 한 종자은행에서는 3,000개의 종자를 보관했다가

10년 후 다시 싹을 틔우게 했는데 94퍼센트의 성공률을 보였대. 종자의 보관 방법이 거의 완벽하다는 것을 보여준 셈이지.

하지만 모든 식물의 씨앗을 이런 방법으로 저장할 수 있는 것은 아니야. 상수리나무, 카카오, 고무나무 등 일부 식물들의 종자는 수분 함유량이 너무 낮아지면 죽거든. 그렇다고 수분이 많은 채로 냉동하면 얼어 죽기 때문에, 과학자들은 이런 식물들의 보관 방법을 연구 중이야.

그럼 종자은행에 보관 중인 종자는 어떻게 쓰일까? 먼저 멸종 위기에 처한 종들을 보존할 수 있어. 전 세계 식물의 4분의 1이 50년 이내에 멸종될 위기에 처해 있다고 해. 예를 들어 1950년대만 해도 중국에는 만 종이 넘는 밀이 있었지만 지금은 불과 1,000종 정도밖에 남아 있지 않거든. 하지만 종자은행에 보관해 놓으면 멸종의 위협에서 벗어날 수 있겠지?

또 농업이나 다른 산업에 이용할 수 있는 종자를 연구하거나, 신품종을 개발하는 데 도움을 줄 수 있어. 종자들의 다양한 유전자들을 연구해서 병충해에 대한 저항력을 기르고, 수확량을 늘리고, 영양가가 풍부한 작물을 만들 수도 있지. 또 은행에 돈을 예금하면 이자를 지급하듯이, 종자은행에 저장된 종자를 이용해 얻은 이익을 해당 국가에 돌려주기도 해.

종자를 지키기 위한 과학자들의 숭고한 노력

러시아의 상트페테르부르크에는 '바빌로프 식물산업연구소'라고 일반인들이 잘 모르는 곳이 있어. 하지만 이곳은 식물을 연구하는 과학자들에게는 널리 알려진 곳이야. 25만 점의 식물 표본과 34만 종의 종자가 보관되어 있는 곳으로, 백여 년이 넘는 동안 세계 각국의 종자들을 수집한 유서 있는 곳이거든. 이곳이 이렇게 큰 규모로 유지되는 데에는 과학자들의 보이지 않은 노력들이 숨어 있었어.

제2차 세계 대전 때, 이 도시는 독일군에게 포위된 채 900일 동안이나 공격을 받았대. 포위되기 직전 연구소의 대다수 연구원들은 다른 곳으로 피신했지만, 50명의 연구원들은 끝까지 남아서 연구소를 지켰지.

포위가 계속되는 동안 시민들은 굶주림으로 죽어 갔고, 이런 상황은 연구소 과학자들도 마찬가지였어. 과학자들은 죽지 않기 위해 곡식을 먹고 싶다는 유혹과 귀중한 식량 종자를 보호해야 한다는 과학자로서의 의무감 사이에서 계속 갈등했지. 결국 과학자로서의 양심이 승리했지만, 불행하게도 50명의 과학자들 중 31명이 굶어 죽고 말았어.

바빌로프 연구소의 사례는 과학자들이 종자의 보존을 얼마나 중요하게 생각하고 있는지 우리에게 알려 주고 있어.

노아의 방주가 된 최후의 날 저장소

2009년 3월 지구상의 주요 식물 종자를 저장하는 '스발바르 국제종자저장소'가 문을 열었어. 이 저장소는 지구에 대재앙이 닥칠 경우를 대비해 북극해의 스발바르 섬에 만들어졌다고 해. 지금까지는 25만 종의 종자가 저장됐지만, 앞으로 450만 종의 종자 샘플이 보관될 예정이야.

이 저장소는 지진이나 핵미사일 공격, 비행기 충돌에도 버틸 수 있게 설계되어 있고, 냉동 장치가 고장 나더라도 이 지역이 영하 3.5도 이상으로 올라가지 않기 때문에 최대 만 년까지도 종자를 저장할 수 있다고 해. 이 저장소는 노르웨이에서 만들었지만, 종자의 소유권은 원산지 국가가 가지고 있고, 허락 없이는 마음대로 외부로 반출할 수 없어. 이런 곳이 있어서 든든하기는 하지만, 그래도 지구 최후의 날이 안 왔으면 좋겠지?

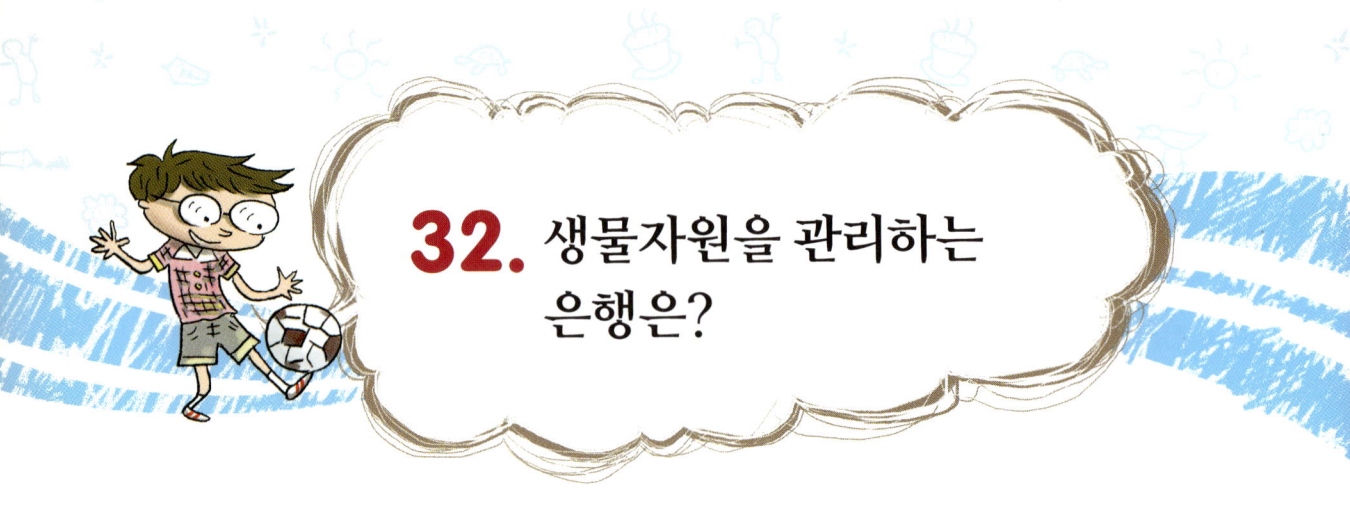

32. 생물자원을 관리하는 은행은?

 종자은행 외에도 생물자원을 관리하는 은행들은 많이 있어. 선진국에서는 이미 150년 전부터 생물 유전자은행을 설립해서 생물들의 멸종을 막고, 유용한 자원으로 사용하기 위해 발 빠르게 대비하고 있지.

 생물 종 확보 경쟁은 1992년 UN환경개발회의에서 채택된 '생물 다양성 협약' 이후 더욱 치열해졌어. 마치 산업스파이처럼 자기네 나라의 생물자원은 밖으로 나가지 못하게 하면서도 다른 나라의 생물자원은 몰래 들여오려고 노력을 하고 있지.

사람과 침팬지의 유전자 차이를 알아냈어. 에이즈 치료약을 만들 수 있다고!

 생물자원의 종류는 생각보다 다양해. 생물 자체뿐만 아니라 조직, DNA, 혈액, 생식 세포, 체세포, 종자 등 생물의 거의 모든 것이 자원으로 이용될 수 있거든.

 세계적으로 문제가 되고 있는 중증급성호흡기질환(사

스), 에이즈, 조류 독감 등 많은 질병들이 사람과 가축 간에 전파될 수 있어. 이럴 때 인간 유전자와 동물의 유전자를 비교해 보면 치료법을 알아내는 데 도움이 될 수 있지. 예를 들어 에이즈는 사람에게 치명적이지만, 침팬지에게는 그렇지 않아. 사람과 침팬지의 유전자를 비교하여 유전적 차이를 알아내면 치료 방법을 알 수 있지.

생물자원 관리 은행의 생물자원 확보 방법

그렇다면 생물자원 관리 은행에 생물자원을 보관하기 위해서는 어떤 과정을 거쳐야 할까?

먼저 생물자원을 수집해야 해. 생물자원의 종류에 따라 수집 방법은 쉬울 수도 있고, 어려울 수도 있지. 곡식과 가축 등은 비교적 구하기 쉽겠지. 하지만 희귀 동식물, 야생 동물 등은 쉽게 구하기가 어려워.

예를 들어 울릉도의 고추냉이는 허락 없이 채취하면 벌금을 3,000만원이나 낸대. 또 우리나라 사람들의 신고 정신이 투철해서 식물 채집에 나선 과학자들을 수상한 사람으로 여기고 신고하는 사람들도 많다고 해.

아무튼 이렇게 생물자원을 수집하게 되면, 그 다음에는 분류하는 과정이 필요해. 이 과정은 매우 중요한데 그 이유는 정확한 분류를 거치지 않은 생물을 가지고 연구를 한 경우 결과를 인정받기 힘들고, 나중에 신약 개발 등의 사업에서 특허권을 얻기가 힘들기 때문이야.

또 정확한 분류 외에도 채집 장소와 시간, 기후나 환경 조건 등도 꼼꼼히 기록해서, 그 생물에 대한 모든 정보를 컴퓨터에 입력해 나중에 언제라도 찾아볼 수 있게 하고 있지.

그 다음에는 생물자원의 종류에 맞추어 보관을 해. 예를 들어 생물 조직의 경우에는 영하 70도의 냉동고나 액체 질소에 보관하고, 혈액이나 혈청 샘플은 1.5밀리리터의 튜브에 담아 영하 20도의 냉동고에 보관하지. 또 식물 추출물의 경우 식물의 주요 성분만 추출해서 20밀리그램 단위로 보관해. 20밀리그램이면 5가지 이상의 실험을 할 수 있는 양이라고 해.

마지막으로 이렇게 보관된 생물자원은 필요한 사람들에게 분양을 하게 돼. 대학이나 연구소에서 필요로 할 경우 약간의 돈을 지불하고 분양을 받을 수 있는데, 외국에서 수입해서 사용하는 것보다 훨씬 저렴해. 물론 분양을 한 만큼 다시 생물자원을 수집하여 보관하게 되지.

생물자원의 수집과 보관 과정

1. 샘플을 수집한다.　2. 샘플을 분류한다.　3. 샘플을 보관한다.　4. 샘플을 분양한다.

생물자원 관리 은행의 종류

그렇다면 생물자원 관리 은행에는 어떤 것이 있을까?

야생동물유전자원은행은 야생 동물의 유전자 샘플을 수집하고 보존하고 분양하는 기관이야. 한반도 지역의 야생 동물의 유전자원, 특히 멸종 위기에 처한 동물들의 유전자원 샘플을 모아 두었지. 현재 약 400여 종의 동물들의 DNA, 조직, 털, 똥 등의 샘플이 보관되어 있대.

식물추출물은행은 우리나라 자생 식물 2,900여 종, 생약 800여 종, 국외 식물 1,000여 종 등 총 4,700여 종의 식물 추출물을 보관하고, 국내 연구자들에게 분양하고 있어. 이 재료를 통해 아토피 치료제와 관절약, 천연 입술 보호제, 뇌신경 보호제 등의 신약과 제품들이 개발되었지.

야생버섯균주은행은 세계에서 유일하게 야생 버섯균만을 전문적으로 보존하고 분양하는 곳이야. 300여 종의 1,400가지 균을 확보하고 있어서 세계 최대 규모를 자랑하고 있지.

이외에도 우리나라에는 다음과 같이 많은 종류의 과학은행들이 있어.

우리나라 과학은행의 종류

생물자원 은행 종류	하는 일
한국해양미세조류은행	우리나라에 서식하는 해양 미세 조류를 배양하고 관리한다.
식물바이러스유전자은행	유전자 조작 식물의 안전성을 평가한다.
항생제내성균주은행	현재 우리나라에서 발견되는 항생제 내성균에 대한 정보를 모은다.
지의류생물자원소재은행	지의류 형성 곰팡이와 공생 조류를 분양한다.
한국식물DNA은행	식물의 DNA와 조직을 수집한다.
인삼유전자원소재은행	인삼 신품종과 인삼 속 유전자원을 수집하고 분석한다.
기생생물자원은행	기생 생물 자원을 체계적으로 수집하고 분류하며, 보존 및 분양을 한다.
노화조직은행	노화 현상을 규명한다.
동물생리활성물질자원은행	동물 성장 및 항생 기능이 있는 물질을 분양하고 확보한다.
야생작물유전자원은행	야생 종을 수집하고 보존한다.
생물음향은행	동물의 음성과 음향을 녹음하고 분류한다.
인체유래검체거점은행	다양한 인체 조직(암 조직, 정상 조직, 혈액, 줄기세포)을 이용한 연구를 한다.
한국세포주은행	생명 과학 연구에 필요한 세포를 수집하고 분양한다.
알레르기항원은행	알레르기 질병 연구에 필요한 자료를 제공한다.
육상환경동물다양성은행	지렁이와 거머리를 수집하여 유전자원을 보관한다.

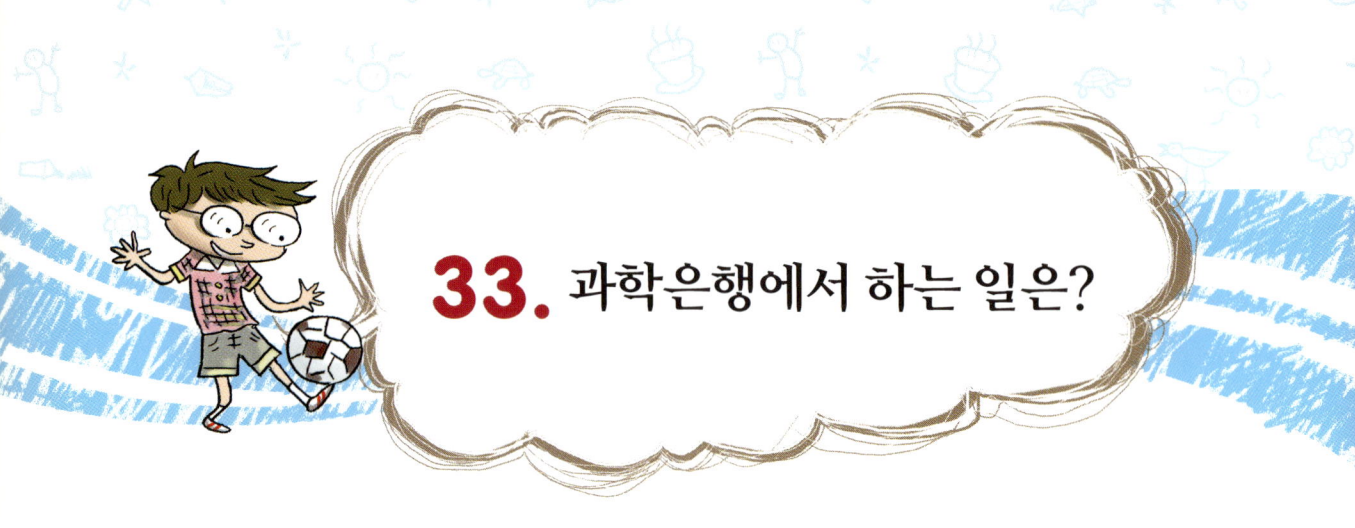

33. 과학은행에서 하는 일은?

2007년 4월 4일 새벽, 충남 공주시 계룡산국립공원에 있던 소나무 한 그루가 감쪽같이 사라졌어. 그깟 소나무 한 그루 없어진 게 뭐가 그리 대수냐고 할 수 있겠지만, 그건 보통의 소나무가 아니었지. 100년 된 자연산 반송으로 한 그루에 3억 원이나 되는 귀한 나무였거든.

수사에 착수한 경찰은 공주의 한 분재원에서, 도난당한 것과 비슷한 소나무를 찾을 수 있었어. 경찰은 분재원 주인을 체포했지만, 명확한 증거는 없었지. 체포된 용의자는 억울하다며 오히려 큰 소리를 쳤어. 하지만 얼마 후 죄를 인정할 수밖에 없었지. 경찰이 유전자 감식 결과를 증거로 제시했거든.

이 서류에는 국립 공원에 있던 소나무 뿌리 조각의 유전자와 분재원에 있던 소나무의 유전자가 정확히 일치한다는 내용이 담겨 있었어. 유전자

검사는 강도나 성폭행 같은 강력 사건의 범인을 찾는 데도 이용되지만, 나무의 신분도 확인할 수 있다는 사실이 이 사건을 통해 처음으로 사람들에게 알려졌지.

당시 소나무의 유전자 감식을 한 곳은 바로 수원시 국립산림과학원 산림유전자원부야. 산림유전자원부는 소나무 등 다양한 식물자원을 보전하기 위해 넓은 땅에 식물을 기르고, 유전자은행에는 경제성이 높은 생물유전자원 1,007종, 15,925점을 보관하고 있지.

한편 나무의 나이테를 이용해 옛날의 기후를 알아낼 수도 있어. 나이테는 일 년에 하나씩 생기는데, 시대에 따라 나무 종류에 따라 그 모양이 다양하기 때문에 연대와 그 당시의 기후를 알아내는 지표가 되지.

광한루의 연대는 계속 논란이 일었다가, 나이테 조사 결과 1626년경에 지어졌음을 알게 되었다.

그래서 오래된 건축물이나 고가구의 만들어진 정확한 시기를 알 수도 있고, 나이테에 들어 있는 중금속 양을 측정해서 환경의 오염 정도를 알 수도 있어. 또 산불이나 해충의 발생 주기 등도 나이테를 조사하면 알 수 있지. 우리나라 목재연륜소재은행에서는 약 5,000점의 나이테 자료를 보관하고 있대.

또 조선 최고의 의서로 평가되는 허준의 『동의보감』은 우리나라 식물 중 약으로 쓸 수 있는 것들을 정리해 만들었지만, 과학적으로 증명되지 않았거나 과거의 식물을 알 수 없기 때문에 그대로 사용하기에는 한계가 있어. 이런 경우에도 식물추출물은행의 샘플을 이용하면 편하게 연구를 할 수 있고, 과학적으로 검증된 결과를 얻을 수 있지.

● 찾아보기

ㄱ
겉씨식물 | 17
과학은행 | 123, 124
관다발 | 15
관족 | 20
교배 | 75
구상나무 | 112
귀화생물 | 53
그린라운드 | 81
극피동물 | 19
기후 | 40, 60

ㄷ
도도새 | 48

ㄹ
람사르 협약 | 33
렛서팬더 | 70
로열티 | 104, 111
린네 | 11

ㅁ
먹이그물 | 28, 33
먹이사슬 | 28, 35
먹이피라미드 | 29
멸종 | 25, 39, 47, 48, 51, 55, 63, 64, 68, 76, 101, 113, 115, 120
무성생식 | 25
무척추동물 | 18

ㅂ
백악기 | 65
변온동물 | 21

북극곰 | 35, 60, 69
북극여우 | 40
분류학 | 10, 103
분해자 | 26, 30

ㅅ
사막여우 | 40
사바나 | 43
생물 다양성 협약 | 78
생산자 | 26, 28, 32
선태식물 | 15
소나무재선충 | 76
소비자 | 26, 28, 32
속씨식물 | 17
수수꽃다리 | 111
스텝 | 43
습지 | 33, 78
쌍떡잎식물 | 17
쐐기사슴 | 51

ㅇ
아마존 | 46, 57, 78
아스피린 | 86
양서류 | 21, 23
양치식물 | 16, 34
어류 | 21, 23
연체동물 | 19
열대 우림 | 41, 46, 56, 61, 78, 95
오카피 | 69
외떡잎식물 | 17
외래종 | 53
외투막 | 20
원생생물 | 12, 17
유성생식 | 25

유전 | 25, 75
유전자 조작 | 98
이와라디돌고래 | 69

ㅈ

자생 식물 | 108, 114, 123
자포동물 | 19
절지동물 | 19
정온동물 | 21
조류 | 21
종자식물 | 16
종자은행 | 116, 120
지구 온난화 | 61, 69
진화 | 20, 23
짝짓기 | 24, 63

ㅊ

척추동물 | 18
체외수정 | 21
초원 | 34, 43

ㅋ~ㅌ

쾨펜 | 41
타미플루 | 89
토종 | 53, 54, 107, 108, 111

ㅍ

파충류 | 21, 23

편형동물 | 19
포유류 | 21, 68
포자낭 | 16
품종 개량 | 75, 115

ㅎ

하프물범 | 70
학명 | 11, 112
한국늑대 | 66
해면동물 | 19
헤켈 | 12, 17
형질 | 25, 39, 75, 108, 113
환형동물 | 19
휘태커 | 13

A~Z

M7 | 100

사진 출처

47쪽	코스타리카 아레날 국립공원 – 굿이미지
53쪽	붉은귀거북 – 굿이미지
58쪽	벌채로 파괴된 아마존 원시림 – 연합뉴스
75쪽	다양한 우리꽃 품종 – 연합뉴스
98쪽	독도넬라 코레엔시스, 독도니아 동해엔시스, 동해아나 독도엔시스 – 한국생명공학연구원
103쪽	국립생물자원관 – 연합뉴스
112쪽	구상나무 – 연합뉴스
115쪽	동강할미꽃 – 굿이미지
125쪽	광한루 – 굿이미지

● 생물 다양성 관련 교과

	차례	교과 과정
I 생물의 다양성	01. 먼 생물은 누구? 이웃 생물은 누구?	6-1 과학　5. 주변의 생물
	02. 식물의 족보를 그려 볼까?	6-1 과학　5. 주변의 생물
	03. 동물의 족보를 그려 볼까?	6-1 과학　5. 주변의 생물
	04. 진화는 생물 다양성에 어떤 영향을 끼쳤을까?	중3 과학　8. 유전과 진화
	05. 생태계의 주인공들은 누구누구일까?	6-1 과학　3. 쾌적한 환경
	06. 먹이 사슬에 숨겨진 놀라운 비밀은?	6-1 과학　3. 쾌적한 환경
	07. 사막과 극지방에도 생태계가 있을까?	6-1 과학　3. 쾌적한 환경
II 생물 다양성의 파괴	08. 생물이 다양하면 무엇이 좋을까?	5-2 과학　1. 환경과 생물
	09. 기후가 다양하면 생물도 다양할까?	5-2 과학　1. 환경과 생물
	10. 생물 다양성은 왜 중요할까?	5-2 과학　1. 환경과 생물
	11. 해마다 얼마나 많은 생물이 멸종되고 있을까?	5-2 과학　1. 환경과 생물
	12. 생물 다양성을 파괴하는 주범은?	5-2 과학　1. 환경과 생물
	13. 그 많던 동식물은 어디로 갔을까?	5-2 과학　1. 환경과 생물
	14. 숲이 사라지는 까닭은?	5-2 과학　1. 환경과 생물
	15. 이상 기후는 생물에게 어떤 영향을 줄까?	5-2 과학　1. 환경과 생물
	16. 늑대의 멸종은 공룡의 멸종과 어떻게 다를까?	5-2 과학　1. 환경과 생물
	17. 어떤 동물들이 사라지고 있을까?	5-2 과학　1. 환경과 생물
III 생물 다양성과 생물자원	18. 돈이 되는 생물만 키우면 어떻게 될까?	5-2 과학　1. 환경과 생물
	19. 생물 다양성 협약이란 무엇일까?	5-2 과학　1. 환경과 생물
	20. 왜 식량이 부족해질까?	5-2 과학　1. 환경과 생물
	21. 자연에서 새로운 치료약을 찾을 수 있을까?	5-2 과학　1. 환경과 생물
	22. 숲에 숨겨진 보물은?	6-2 과학　3. 쾌적한 환경
	23. 심해에 숨겨진 보물은?	6-2 과학　3. 쾌적한 환경
	24. 미생물의 가치는 얼마나 될까?	6-2 과학　3. 쾌적한 환경
	25. M7이란 무엇일까?	5-2 과학　1. 환경과 생물
	26. 첨단 과학으로 생물 다양성을 지킬 수 있을까?	5-2 과학　1. 환경과 생물
	27. 우리 농산물인데 로열티를 낸다고?	5-2 과학　1. 환경과 생물
	28. 우리의 토종을 왜 지켜야 할까?	5-2 과학　1. 환경과 생물
	29. 식물 사냥꾼이 우리나라를 다녀간 이유는?	5-2 과학　1. 환경과 생물
	30. 자생 식물을 지키는 방법은 무엇일까?	5-2 과학　1. 환경과 생물
	31. 종자은행이란 무엇일까?	5-2 과학　1. 환경과 생물
	32. 생물자원을 관리하는 은행은?	5-2 과학　1. 환경과 생물
	33. 과학은행에서 하는 일은?	5-2 과학　1. 환경과 생물